教育

更不可原

朗朗書房
Long-Long Book House
北京朗朗书房出版顾问有限公司
荣誉出品

亲子教育彩虹书

敢向孩子认错

听成功妈妈谈家庭教育

高芸香◎著

中国人民大学出版社
·北京·

明明白白做爹娘（自序）

教育子女过程中所犯的错误比别的错误更不可原谅。这和用药配错了剂量一样，第一次弄错后，消除其副作用须付出百倍的艰辛。难就难在适度。

1995 年，当我最小的孩子考上大学时，就有知情的好友劝我写一本“怎样培养孩子”的书。因为他们不仅为我家三个孩子都顺利考入大学自豪，而且为我家老小曾以 351 分的低分被“照顾”进高中，三年后又以 531 分考取吉林大学物理系而吃惊。确实，那一年我儿子的两个考分曾被写进我市范亭中学校门前的招生广告中，用以吸引新生。

可是，我一直没有动笔的欲望。说实话，我和我先生对子女期望很高。我们曾希望他们进中国科技大学的少年班，希望他们考北大、清华。然而，我们的希望一个个相继落空。在孩子们时高时低的考试成绩面前，我们亦喜亦忧、患得患失，有时对他们过分严格，有时又难免放任。我想，写教育经验实在轮不到我。

像许多没有经验的年轻父母一样，我们为孩子做过腾云驾雾的天才梦，可事实无情地证明：我们的孩子仅仅是不算糊涂的中才。

但是，又是哪股力量燃起了我写这本书的热情呢？首先还是我家的三个孩子。他们几乎都是以刚过本校录取分数线的“擦边球”方式滚进高校门槛，而又以较高的成绩考取研究生的（我的大女儿在厦门大学会计学系学习四年后被保送入厦大研究生院，主修国际会计。一年后赴美留学，取得工商管理、会计学两个硕士学位，后又取得卡内基－梅隆大学的会计学博士学位，现在洛杉矶加州大学任教。二女儿在暨南大学取得影像医学硕士后，赴英深造。儿子从吉林大学毕业后，获得美国华盛顿州立大学的全额奖学金，攻读核物理博士）。我的孩子们告诉我一个“中才”所能达到的高度。我要告诉大家的正是这样的事实：凝聚产生力量；一个人的成功不完全取决于天资，除了智力因素外，其非智力因素（如性格、气质、意志等）是何等重要。如果没有我先生和我营造的团结奋进的家庭氛围，那擦边球的幸运不会一而再、再而三地降临我家。另外，我写此书的另一个动因，是想答复亲朋故旧的抱怨，他们总是说：“我们家的孩子根本听不进去话。”我希望他们能以此书为镜观照自己。就我所知，每逢夏季来临，全国数以百万计的中学生就开始经历不眠之夜和提心吊胆的日子，他们无时无刻不在为那决定命运的三天打拼；而那些望子成龙、望女成凤的父母亦跟着焦躁不安。这时的寺庙里也会较多地出现学生家长的身影，有的打卦占卜，有的烧香拜神。我想告诉大家的是，神灵保佑的往往是不依赖帮助的人。

我们的道路只有一条：自救。

当然，中才远不及天才适应性强，做中才的父母远比做天才的父母要吃力得多。可是，世界上哪儿有那么多天才呢？父母就很平凡，何来天才基因？

在美国生活两年，与美国家长比照之后，我发觉我和先生同样是稀里糊涂的爹娘。

冷静思量：教训多多，遗憾多多。

过分的严格和过分的放任，常常取决于我们自己的心境和虚荣，却忽略了孩子的感受和需要。而过分注重孩子的冷暖温饱，忽视其心理的伤风感冒又是中国家长的通病……

教育子女过程中所犯的错误比别的错误更不可原谅。这和用药配错了剂量一样，第一次弄错后，消除其副作用须付出百倍的艰辛。难就难在适度。

如果能重新来一回，也许会明白些。可惜，教训对我们来说只能成为遥远的追忆了。万一此书中的某篇对年轻的父母们有所启示，我将不胜荣幸。这正是我写它的目的。

目 录

向孩子示弱

家庭教育是滴水穿石的渗透

不要让沟通陷入僵局

当好不同学龄段孩子的家长

向孩子示弱

向孩子示弱，不仅是生活的需要，也是一种培养孩子的技巧。打骂、放任都是家长的失职，要知道宽容产生宽容，对抗产生对抗，这就是与孩子相处的真谛。

如果你不能改变孩子

忧虑和关心不应该混为一谈。忧虑是一种心理状态，关心是一种情感状态。关心是对的，忧虑就不好了，因为忧虑的心理往往使你不能准确地判断现实……

我从前的一位学生来学校找我谈心，说她的孩子正大踏步地后退，眼看就要考高中了，她为此十分焦急。不是面临这样的现状，她也不会跑到办公室来找我。

我问："大踏步后退，指的是学习成绩，还是其他？"

她沮丧地说："都有。"当着办公室其他人的面，她说话又有点儿闪烁其词。我就领她到另一个房间，让她敞开心扉。

她说她的儿子从小就聪明得很，出生四十多天就会笑。四个月就能发出"哦，哦"的声音与大人交流。而且，这种交流听起来不像一般的交流，就像干部们当众讲演的声调。一家人都认为生了个大才，因此她和她先生就买了培养神童的丛书，照着天才的目标培养。孩子小时候非常乖，父母要求到哪一步，他就会做到哪一步。但是，从初二那一年就变了，孩子学习成绩下滑，不听大人的话，甚至露出轻蔑的神色。"而且，"她压低声音说，"还交了一个女朋友。"

“你们与他谈过心吗？”我问。

“谈过，”她说，“我和他爸爸经常告诫他，眼看就要考高中了，一定要集中精力，专心致志地学习；要分析自己退步的原因，改邪归正，尽快赶上去。但是，任你怎么说都不管用。真把人愁死了！”

我说：“先别愁。如果你不能改变孩子，首先改变你自己。”

我的学生突然瞪大了双眼，她实在不能明白我怎么突然转换了“改变”的对象。

我说：“发愁、忧虑好像是家长们的流行病。我常常听到家长们聚在一起讨论孩子，学习好的担心考不上重点大学，学习成绩次一等的，又担心达不了线。每个人每天花费大量的精力担忧未来。但忧虑能改变现状吗？根本不能！”

“可是，孩子的成长牵着我的心啊。”我的学生说。

“是啊。古往今来，我们对‘可怜天下父母心’这句话都表示认同。”我说，“其实，我们的社会往往在鼓励这种忧虑的心理，仿佛是用忧虑来证明自己的关心，用忧虑来证明自己的感情。事实上，忧虑和关心不应该混为一谈。忧虑是一种心理状态，关心是一种情感状态。关心是对的，忧虑就不好了。因为忧虑的心理很可能使你不能准确地判断现实，反而扩大了事态的严重性。那么，你的孩子学习成绩现在是班内倒数第几名呢？”

她说：“还没有严重到倒数第几名的程度。以前是班上前儿名，这几次考试就排到十几名了。我是怕他滑下来。”

我当即批评她道：“你看看，你怎么可以让孩子寻找‘退步原因’呢？这不是夸大了问题的严重性吗？你应该说，‘这几次考得不理想，找找原因’，而不应该给他定位到‘退步’！胜败乃兵家常事，你当学生时难道能回回夺冠吗？我们应该给孩子加油鼓劲儿，而不是泄气！”

“可是，在此之前他一直考得挺好。”我的学生还有点儿不服气。

“考得好应该祝贺孩子，但父母亲不能盲目乐观。考好更应该分析原因。”我耐心地开导她，“就比如你的孩子，在他小时候，你们曾按照神童的标准训练他，要求他，打好了入学基础。那么，上学后他与没有经过训练的孩子竞争，起点就不同，他当然容易成为优胜者。优胜又激活了他内心的自我激励机制，他就有可能把这种状态延续到小学、初中……”

听到这里，我的学生频频点头。

“但是，你应该明确在他那优秀成绩里，天赋占多少比重，勤奋占多少比重，家长的帮助占多少比重，根据各种因素所占的比例，重新定位一下他到底是不是天才。”

“唉。”我的学生叹气道，“他只不过是聪明点儿罢了。”

“有这‘聪明点儿’就不错了。如果不切实际地拔高孩子的能力，对孩子是压力；对家长，则因为期望太高，就必然患得患失，失望会更大。”我看我的学生脸上露出了内疚的笑容，就进一步说，“所以我说你首先要改变你自己。比如在与孩子谈心时，尽量就事论事，在生活细节上点点滴滴渗透，在具体事情上挖掘你的教育内容，贯穿你的教育思路，而不要说大话空话。像‘改邪归正’这样的说法就不恰当。孩子怎么就‘邪’了呢？”

她说有好几次放学的路上，她发现儿子与一个女生在一起，有说有笑，比和父母在一起都亲热。

“这就‘邪’了？”我笑着反问她。

“还没有发展到那种地步。”她说，“可是，我在孩子的日记中发现，大约是那女孩给别的男生写了什么信，我儿子为此很苦恼。”

“这也没有关系啊。”我说，“如果这女孩心胸豁达，爱广交朋友，那你儿子仅仅是她的朋友之一。他明白了这种关系后，会感觉轻松的；如果这女孩比较轻浮，爱挑逗男生，你也应该相信你儿子的判断力。他会从这次经历中学取人生教训的。男子汉总该有这种体验。”

看她依然不能释怀，我又问：“就这件事，你不能与他谈一谈吗？”

“唉，谈不拢了。我和他爸在孩子面前已没有一点儿威信了。孩子曾亲口对他姥姥说：‘我爸和我妈没水平。’”她一下子又表现出极度的失落，沮丧地低垂着头。

“怎么会这样呢？你们之间发生了什么呢？”

她的失落感之强烈让我吃惊。那孩子不明白妈妈是那样地爱他，重视他的一切。我的情感不知不觉就又滑落进“可怜天下父母心”的陷阱了。

她这才告诉我事情的原委。原来她患有某种疾病，不容易控制自己的情绪。她的丈夫性格内向，不爱多言多语。一般情况下，两人还能克制，可是，一旦发生争执，就很难平息。一次，两人互不相让，“战争”升了级，她一气之下就离家出走了。她丈夫不管三七二十一就把家里的东西摊了一地。“战争”的双方就这样给孩子扔下一个残破的家。失去安全感的初中生苦闷到极点，恰恰是在这时，那女孩对他表示出同情和关心。于是，他和她就好上了。

“从某个角度说，那女孩还是帮了你忙呢。在你儿子最痛苦的时刻，最起码她充当了倾听他烦恼的对象。你们做父母的无视孩子的存在，尽情发泄怒气，又不愿意孩子有个倾听对象，这不公平！”

“老师，您说失掉的威信还能重建吗？”她用期待的目光望着我。

“能！”我给她以肯定的答复，“关键是你有没有决心改变你自己。首先，要重视自己的疾病，认真治疗。其次，要改变自己的心态，去掉忧虑——你不妨听听心理学上是怎样给忧虑定义的：由于将来的某件事而在现时产生的惰性。为什么叫惰性呢？我们经常听人说，‘这几个月我什么也不能做，没心情’，在这种消极心态下，你什么也干不成，并且这还成了你不干事的理由。与其为没有发生的事日复一日地烦忧，何不定个计划，愉快地按计划办事呢？”

“什么计划呢？”我的学生问。

“重建父母尊严的计划啊。”我给她粗略地设计了一下，“第一步，虚心向儿子承认自己错了，不该打乱家庭的生活秩序，影响到孩子的心情，争取得到儿子的谅解。第二步，与儿为友，调节孩子的业余时间，常带他出去旅游，或者是举家参加某种体育活动，用亲情和关爱驱赶孩子的孤独，增强家庭的凝聚力。第三步，让孩子敞开心扉，对学校发生的事情作出评点，你们做父母的也与他一起讨论。同时，也可以引发孩子评论父母的所作所为。他说的对你们就诚恳接受；你们不能认同的，也可以谈自己的看法。在家庭里营造一种宽松的民主氛围。第四步，不追究和懊悔从前，也不为明天发愁，面对现实，尽力把今天的事情办好，快快乐乐过好每一天。”

“过好 365 天就是一年！”我的学生表现出极强的敏感和理解力，“这样，一年都是好心情。”

好心情就会带来较高的成功率！

附：帮助青少年增强自信心的10条规则。

人总会有失意的时候，当你在学习、生活上遭受挫折的时候，怎样才能重新建立并增强自信心呢？英国心理学家克列尔·拉依涅尔提出了10条帮助青少年增强自信心的规则：

（1）每天照三遍镜子。清晨走出宿舍之前，对着镜子修饰、整理着装，务必使自己的外表处于最佳状态；午饭后，再照一遍镜子，消除对自己仪表的不必要的担心，更有利于你将注意力集中到工作、学习上；上台讲演前或者在会见稀客前，对着镜子修饰一番，也会增强自信。

（2）不要总想着自己的身体缺陷。每个人都有各自的身体缺陷，完美无缺的人是不存在的，所以不要对自身的缺陷念念不忘。其实，人们往往没有那么在意你的缺陷。只要少想，自我感觉就会更好。

（3）你感觉明显的事情，其他人不一定注意的到。当你在众人面前讲话感到面红耳赤时，你的听众可能只是看到你两腮红润，令人愉快而已。事实上你的窘态并没有那么容易被其他人发现。

（4）不要过多地指责别人。如果你常在心里指责别人，这种毛病就可能成为习惯。应逐渐地克服这种缺点，总爱批评别人是缺乏自信的表现。

（5）多数人喜欢的是听众。因此，当别人讲话时，你不要急于用机智幽默的插话来博得别人对你的好感。你只要认真地倾听别人的讲话，他们就一定会喜欢你。

（6）为人坦诚，不要不懂装懂。对不懂的东西坦白地承认，这不仅不会损害你的形象，还会给人以诚实可信的感觉；对别人的魅力和取得的成就要勇于承认，并致以钦佩和赞赏。

（7）在自己的身边找一个患难相助、荣辱与共的朋友。这样在任何情况下你都不会感到孤独。

（8）不要试图用酒来壮胆提神。如果你害羞腼腆，那即使喝干了酒瓶也无济于事。只要你潇洒大方，滴酒不沾也会受到大家的欢迎。

（9）拘谨可能使某些人对你怀有敌意。即便某人不爱理你，也不要总觉得自己有错。对于怀有敌意的人，不讲话虽不是最好的方法，但却是唯一的方法。

（10）一定要避免使自己处于一种不利的环境中。当你处于这种不利情况时，即使人们会对你表示同情，也会感到比你地位优越而在心里轻视你。

食多伤胃，贪吃伤身

——培养孩子健康的饮食习惯

在孩子懂道理之后，改变不良的饮食习惯应从改变他对食物的观念开始。

一日三餐，定时定量，荤素搭配，营养均衡，这是最好的饮食习惯。然而好多家庭却做不到这一点。尤其是姥姥或者奶奶们代替儿女们照看孩子，唯恐把孩子带瘦了、带弱了，脸上不光彩；如果孩子早上吃得少，不等到中午就不停地给孩子添加零食，让孩子的胃口不得空闲。须知孩子早上不饿，就是胃需要静养、休息的信号。你不让它休息，到中午孩子必然又没有胃口。中午吃不好，下午又加零食，这样就形成了恶性循环。大人们往往会指着身体瘦弱、面色发黄的孩子说："这娃娃营养不良。"试想如今物质产品这么丰富，哪有营养不良的道理！会不会是食多伤胃，造成胃动力不足，胃口总是处于饱胀状态呢？

还有的父母抱怨道：我们家的孩子不爱吃肉，不爱吃鸡蛋，不爱喝奶，凡是有营养的都不爱吃。我的朋友梅芳就不止一次地向我抱怨她儿子挑食挑得厉害。我说那他什么都不吃，难道凭空气生存吗？她说我们两口子变着法儿买人家喜爱的吃食呗。原来她儿子喜欢豆类食品，所以他们就将豆腐、腐竹、豆腐干、豆腐丝儿轮换着吃，变花样来满足孩子的需求。尽管如此，那孩子还是因为营养单一而发育不良。他们两口子都是大个子，儿子却显得又瘦又小。

孩子挑食、厌食或者贪吃，这类不良的饮食习惯之所以形成，责任还在于父母。溺爱和纵容是孩子形成任性、挑剔的主要原因。

其实，当孩子断了奶改吃五谷杂食时，他并不懂得自己喜欢吃什么，不喜欢吃什么。记得我回去探亲时，三岁的侄儿绕在我带回去的提兜前，看有什么好吃的。我给他摘了一个香蕉，他还在向提兜里张望。我说："乖乖吃香蕉，里面和这一样！"他便吵闹着要先吃"一样"。如果大人真能拿出个"一样"来，他吃过之后肯定就吃不下香蕉了。一个三岁的孩子有多大肚子呢？大人再不经意地说这孩子不爱吃香蕉，这就等于是一个负面的暗示。如果世上真有"一样"这种水果，那孩子就会表现出只喜欢"一样"而不选择香蕉了。记得我小时候并不知道小芫荽是什么味道，但奶奶总是嘱咐我妈妈说："小芫荽味儿重，怕孩子不爱吃，还是别往锅里放了。"这样，我和妹妹都记死了小芫荽味儿重，便吓得不敢尝试了。甚至到了亲戚家，也得声明我们不吃小芫荽。后来在饭店喝羊杂汤时，领我们去的表叔并没有在意我们吃不吃什么，那一顿有芫荽的饭菜倒吃得分外香甜。这才知道小芫荽竟是如此提味儿，没有尝过就说自己不爱吃是何等地荒唐。

孩子厌食或吃饭过分挑剔，首先要确定他是否生病了。如果只属于不良的饮食习惯，父母就该意识到可能是平时零食吃得过多，扰乱了正常的进食规律，导致他在正餐时间没有食欲。解决的方案有二：一是改掉孩子吃零食的习惯；二是适当采用饥饿疗法，加大孩子的运动量，补水而不补零食。当孩子真感到饥饿难耐时，他就吃什么都香甜了。这里特别要提出的是不要给孩子乱吃补品。据网上介绍，有个叫玲玲的女孩，刚满五岁，聪明伶俐，就是身体偏瘦，父母便到处打听长胖的偏方。后来在广告上看到一则消息，说花粉制剂不仅滋养身体，而且健脑益智。夫妻俩喜出望外，随即购买，按标签说明服用，二十天后竟发现孩子两侧乳房长大。惊慌失措的父母带了孩子到医院一查，说是性早熟。罪魁祸首就是花粉补品。专家建议：五岁以下的孩子，不要吃补品；五岁以上的儿童应遵医嘱服用。此外，专家还列出了孩子不宜长期食用的十二种饮食：方便面、巧克力、洋快餐、甜食、补品、污染食品（有残留农药、被家电辐射等）、酸性食品、咖啡、鱼干片、豆奶、冷饮、精食。

与厌食、挑食相反，有些孩子是特别贪吃。大多数孩子贪吃的习惯也是家长促成的。现在五六十岁的奶奶爷爷们，大都成长于粮食紧缺的困难时期。那时候他们自己在饮食方面受了委屈，现在日子好过了，仿佛想把自己受到的亏待在下一代身上找补回来。因此一心想到的是将孩子哺养得身强力壮，长大个子，就不惜一切地为孩子买营养品、滋补品，毫无节制地将孩子喂成了小胖子。

孩子过分贪食的弊病不次于挑食和厌食，因为胃过于疲劳会使大脑功能减弱。我们成年人都有这样的体验，中午一顿饱餐后，多会犯困。那是因为饭后胃蠕动加速，需要大量的血液供应，脑部血液供应减少所致。俗话说：有狼一样的胃口，就会有猪一样的睡眠。贪吃的人会变得蠢笨就是这个道理。

事实上，孩子的体重超标，懒得运动，肥胖会成为沉重的负担。这对孩子心肺功能的健康发展也有影响；严重者，甚至会在脑和心脏出现脂肪积淀，而这是心脑血管疾病的导火索。

孩子那种得空儿就吃的情况，也并非出于天性，更多的是父母给他们创造了过多的“吃的机会”。在笔者居住的家属院中，当爸妈得了奖金时，带孩子下馆子；当孩子考出好成绩，也下饭馆犒劳；甚至在有的孩子写作业不专心时，父母也给糖果、点心来刺激一下——这不仅干扰了孩子的学习，而且等于给孩子一个负面的心理暗示：不学习就会得到零食犒劳。

用食物来奖惩孩子不是高明的做法。吃东西是人的本能，如果父母把精力都花在以食物作为奖励、惩罚或威胁孩子的手段上，调教出来的孩子的视野也会集中于吃上。给孩子营造一种和谐轻松的进食气氛和环境，让他轻松愉快地进食，倒是父母应该注意的。

在孩子懂道理之后，改变不良的饮食习惯应从改变他对食物的观念开始。父母要使孩子懂得吃东西不仅仅是吃口味、吃爱好，更是吃营养，为强健的体魄做储备；而且在适当的时候，要领孩子去农田看农民们种地的辛劳，背诵“汗滴禾下土”的诗篇，让孩子懂得粮食的来之不易，尊重食物，尊重食物生产者的劳动。建立在这种观念上的良好的饮食习惯、良好的品质，才有利于孩子成长为一个健康的人、一个高尚的人。

向孩子示弱

向孩子示弱，不仅是生活的需要，也是一种培养孩子的技巧。

不知道有没有人曾感受过成长中的突变，就是你在一两天里突然觉得自己满脑子主意，浑身是力量，突然变成一个大人了。我就有这样的经历。

我从小生活在一个四世同堂的家庭，上面有老奶奶、爷爷奶奶、爸爸妈妈，他们都很爱我。因为我的老奶奶、奶奶都没有生过闺女，是我圆了她们想要“花骨朵儿”的美梦，所以，我奶奶常常对我开玩笑说：“俺这花骨朵是开在父母园中。”可想而知，我的童年是单纯的、愉快的，基本没有什么家庭琐事需要我来分担。

但是，在我 12 岁那年，爷爷奶奶一次出远门探亲改变了我的生活轨迹。

那一年，爷爷奶奶去徐州看叔叔婶婶，担任生产队干部的父亲整日奔忙集体的事情，老奶奶年老体衰，弟弟妹妹也正是累人的时候，母亲缺了爷爷奶奶两个帮手，一下就没有好声气了。每逢我下学归来，母亲不是吆喝我给老奶奶拍肩捶背、倒痰盂，便是叫我给妹妹梳头或弟弟洗脸。挖野菜、喂猪、放羊，家中的杂事一件接一件，我一下就从备受宠爱的“花骨朵儿”沦落为妈妈的粗使丫头了。这些事常常挤占了我做作业的时间。完不成作业，到了学校就免不了挨老师的批评。为此，我和母亲产生了强烈的对立情绪。我觉得母亲对谁都好，怕老奶奶咳不出来痰而堵住了喉咙，怕弟弟妹妹打闹起来受到伤害，怕父亲耽搁了集体的大事，就是不怕我耽误了学习。

母亲也倔，见我嘟了嘴不情愿地干活儿时，就对我讲起大道理，说我是长女，该懂事了。照旧社会，十五六岁就该嫁为人妻了；十二岁正是学习做人的年龄，在自己家里能够拿轻荷重、灶台女红都学一手，将来出了门不受委屈云云。我连一句也听不进去，耳朵早磨起茧了。

然而，就是在老奶奶去世后的某个晚上，我的态度突然发生了一百八十度的大转弯。

老奶奶的灵柩停放在上房的堂屋内，上房的结构是一堂两室。母亲端着一盏煤油灯要去上房取什么，她必须经过老奶奶棺材旁边的狭窄的通路，才能进入一旁的内室。可是，每逢她经过那窄窄的通道时，手里的油灯“噗”地一下就熄灭了。如是者再二再三，母亲不免毛骨悚然。她摸着黑返回我们居住的屋内，边点灯边垂泪呢喃道：“奶奶啊，孙媳妇扶起扶睡地侍奉您，您哪儿还不如愿啊？您看我这一摊子容易吗……”

我知道母亲是害怕了，就放下书本说：“娘，我陪你去。”

母亲诧异道："黑天黑地的，娘怕吓着你。"

我断然说："我不讲迷信。"不知哪儿来的勇气和智谋，我随手撕下一页作业本纸，给煤油灯糊了个灯罩儿。在我的帮助下，母亲顺利找到了她要找的物件。我即兴给母亲讲了课本上学过的"不怕鬼的故事"。母女俩这才弄明白，原来夜深人静时，堂屋的穿堂风很大。

这件事突然间改善了我们母女间的关系。爹一进门，娘就兴奋地对爹说："大女儿有胆有识，可是超过我们了。我是甘拜下风了……"娘越是示弱，我越要逞能。在老奶奶的整个丧事期间，我除了照顾弟弟妹妹，还帮母亲给众人打点孝布，照看所用器具，充当了丧事助理的角色。父母非常满意，逢人便说："真奇怪，这孩子一不留神就长大了。"

有人说，家庭中出现的突发事件，会催孩子早熟。这也许是对的。但我经过若干年之后，再回忆当时的情景，其实老奶奶的去世对我们并不突然。她老人家享年八十六岁，此前早就生病卧床，全家对她的离去早已有所准备。我的体会是家长在孩子面前适当地示弱，往往会激发孩子的勇气和智慧。孩子们与家长对抗，往往暗示他生理和心理的成熟需求。他要独立，要自主，也即意味着他的安全感不再是建立在对大人的依附上了，但他并不知道通过什么样的方式来表示自己的成熟和强大。这时，如果大人还是以强势权威的命令口气来指使他，他就会表现出桀骜不驯的姿态，以强对强；而如果大人一旦暴露了内心的虚弱，或者干脆对孩子说，“妈妈遇到了棘手的难题，需要你的帮助”，每一个孩子都会想方设法伸出援手。而且，在孩子提供帮助时，两代人都会享受到真情互动的喜乐。

我的小儿子考上大学之时，刚巧老家的母亲身体不适，弟弟的鞋店又出了问题，都需要我去帮助。这时，就读大学二年级的二女儿放假归来，我对她陈述了自己分身乏术的苦恼：既想在家和儿女团聚，做好他们上学的物质准备，又要去照顾母亲和弟弟，真是左右为难。二女儿当即说：“我自己的事不用妈妈操心。弟弟的一切用具也由我来置办。”孩子还拍拍我的肩开玩笑说：“要相信群众嘛！”果然，儿子走时，枕巾、手巾、饭盒、快餐杯、牙具……做姐姐的给他准备了个一应俱全。尤其叫人感叹的是，连妈妈没想到的，姐姐都想到了——她为弟弟缝了两个厚厚的坐垫，上面还绣上了弟弟的名字。她说到了大学常常两个班上大课，那时离不了坐垫儿；有时还要用它占座位呢。以往从未见二女儿蹬过缝纫机，她居然无师自通地将那坐垫儿缝得四四方方、板板正正。当我夸奖女儿时，一家人乐成一团。小儿子一边欣赏姐姐的作品，一边拱手相谢。彼此都感受着暖意融融的亲情。

向孩子示弱，不仅是生活的需要，也是一种培养孩子的技巧。国外的大女儿做母亲后，也将这一做法传承下来，在日常生活中使用的比我还频繁。比如带着孩子们去旅游，爬山时看到孩子们的背心被汗水湿透，女儿就会摆出疲累难当的样子，说："啊呀，妈妈好累啊，简直想放弃了。"两个孩子就会异口同声地鼓励她："妈咪，你一定要坚持。你瞧瞧我们出这么多的汗都不放弃！"孩子们除了口头上的鞭策，小腿儿也会迈得更欢。再比如到溜冰场溜冰和去滑雪场滑雪，女儿总是滑在孩子们之后，有时摔倒了，她就呼喊儿子来扶起她。这时，七岁的二外孙丁丁还会勉励妈妈说："妈咪，这不能说明你笨，我以前不是也常摔倒吗。"确实，如今两个孩子都滑得比爸妈强，还参加过同年龄组的州际比赛呢。

女儿也说：向孩子适当示弱，胜过一味逞强。这办法屡试不爽。

敢向孩子承认错误

家庭中正常关系的失调，往往是以后产生精神和情绪的各种病态的土壤。宽容产生宽容，对抗产生对抗，这就是与孩子相处的真谛。

有一年，记得是过“六一”儿童节。一早起来，二女儿和小儿子就十分兴奋。他们很快就穿好了头天晚上准备好的节日盛装，对着大镜子系好了红领巾，准备以崭新的面貌出现在老师和同学面前。

“节日愉快！”带着爸妈的祝福，两个孩子蹦蹦跳跳出了门。那时还不兴做统一的校服，但过孩子们自己的节日时，学校也是有统一要求的，一般是白衬衫蓝裤子，白运动鞋。女孩子如果要参加演出，就要戴统一的发卡、统一的头饰。我们和大多数家长一样，总是唯命是从，事先就按学校的要求把一切准备妥当。因为这不仅关系到孩子的自尊，而且关系到班集体的面貌和孩子的责任心。集体的整齐划一构成整肃的信念，这样，服从集体的意识和纪律性也就在不知不觉中产生。

话虽这么说，繁忙的母亲处理孩子们的事情时，往往是漫不经心的，态度往上取决于自己当时的心境。

孩子们刚出去一会儿，又急急忙忙返了回来。“妈妈，老师让每个人交五个酒瓶。”二女儿推开门，探进头来说，“预备好，下午带。”

“我也要！”儿子说，“要高个儿的！”

早晨的饭锅、饭碗还没洗，他们换下的衣裤、鞋袜还没来得及收拾，我正摊开教案备当日的课，听到他们的“命令”就烦。于是我头也没抬，说：“要酒瓶子干什么？”

“美化校园，用酒瓶子做篱笆。”两个孩子很认真地给我比画。原来是瓶口向下，倒栽起来，做花畦边儿的围栏。他们还说这叫废物利用。

“亏你们老师想得出来。”我不知不觉就说开了风凉话，“咱家没有人喝酒，哪儿来那么多酒瓶子？”

看姐弟俩面面相觑，情绪低落，我又赶紧说：“好吧，我给你们到邻居家找找。”

原以为向邻居讨要空酒瓶子是一件难堪的事，不料在课间操时，到家属院转了一圈儿，发现我们家屋后，一位老师家的鸡窝边就堆着很多空酒瓶子。那恰巧是一位调走的老师没来得及收拾的。看来是举手之劳的小事一桩。

仔细想想，孩子们所提的要求会有多大呢？我们的抵触情绪还是来自对他们的轻视和不尊重。

于是我有了更好的主意：中午回来，鼓励他们自己到校园里找，自己的问题自己解决。

中午，好一场暴雨。饭后，两个孩子出门时，都换了雨鞋。我千叮咛万嘱咐，让他们别弄脏了衣服。

洗刷完毕，我也悄悄跟了出去，看他们找没找到我已发现的猎物。这一来不要紧，我被呈现在眼前的我儿子的形象惊呆了：他蹲在一个大水洼前，正和家属院的几个淘气孩子玩水。用石子打水漂的孩子把泥水溅了他一头、一身，他却浑然不觉，还用树枝推水里漂着的几只纸船。几个孩子用树枝你推过来，我划过去，早晨换的新衣服早就面目全非了。

我没好气地把他揪回家，撕扯着脱了他的衣服，劈头盖脸就打。我拿给他镜子，说："你瞧瞧你头上的泥巴！你看看雨鞋里灌的水……你二姐呢？你出去的任务是干什么？"我逼儿子检讨自己，承认错误，儿子不仅犟犟地不肯，还高昂了头颅以示不服。这时，他二姐已满载而归，不仅捡够了自己的酒瓶子，还帮弟弟也完成了任务。

按说，此刻我应该好好表扬老二一番，但儿子的叛逆已使我失去了理智，我强硬地把他推搡到卧室，说几时写好检查几时出来。不料，儿子进去，反而插上了里边的门闩，拿放东西也故意重手重脚，以示抗议。

整整一个中午，我什么也干不成，不时抬头看看挂钟，操心孩子上学的事儿。眼看上学的时间到了，儿子却没有了动静。问他检查写好了没有，他一声不吭。

这几乎弄得我下不了台。幸亏懂事的二女儿告诉我

“六一”儿童节的下午，低年级学生放假，我才放了心。

冷静下来想：儿童本来缺乏意志的恒常性，找瓶子的活动远不及玩水能激发他的兴趣，作为中学老师的母亲，我为什么违背儿童的心理特征，发那么大的火呢？

因为他违背母命，弄脏了衣服。然而儿童的天真和好奇心，却常常是在要求他循规蹈矩时被扼杀的。

知道自己有错，但总不情愿先向儿子低头，因为儿子的态度一直十分强硬。他难道就没有错吗？我先向他认错，岂不助长了他的傲气？

家里的空气一直很沉闷。家庭中正常关系的失调，往往是以后产生精神和情绪的各种病态的土壤。

第二天，二女儿又说班主任让带一个花盆。

这一下，我又来了气，说：“咱全崞阳镇也没有个卖花盆的商店，咱家又不养花，让我到哪儿变个花盆呢？”接着我又把情绪发泄到她的老师身上，说：“什么都问家长要，这简直是苛求！”

面对我的牢骚，二女儿一声不吭。看女儿乖，我又于心不忍，屋里屋外转了几遭，突然发现了厨房窗台上盛米的瓦罐。我把米倒在一个盆里，递给二女儿说：“好了，拿去吧。”

女儿看着那瓦罐，嘟嘟囔囔地说：“花盆底下有眼儿，能渗水，瓦罐没有。”“那还不容易，咱锥个眼儿。”我把瓦罐口儿朝下一放，在罐底锥了个眼儿，振振有词地说：“你们老师不是教导你们废物利用吗，咱这也是废物利用。”

不料，这天二女儿放学归来，把那瓦罐往地上一放，掩面就哭，泣不成声。任你怎么问，她都缄口不言。

二女儿生性和善自觉，得到的往往是鼓励和夸赞，从未受过大的委屈。我一看事态严重，急忙跑到她的同学家去询问。这才知道，她当着全班同学的面受到了老师的讥讽。老师把那瓦罐提上讲台，放到教桌上，带着嬉笑的口吻问：“这叫花盆吗？”同学们齐声说：“不——是——”老师说：“这是谁在交差应付？站起来！”二女儿在众目睽睽下站了起来。老师很吃惊（说实在的，她的班主任对她一向很好，万没想到是她以瓦罐搪塞责任），说：“你们家买不起一个花盆吗？”二女儿一言不发，为她的妈妈承受了不白之冤。听了她同学的叙述，我半天说不上一句话来。是她妈妈的独断专行使她在同学面前无地自容，是妈妈挫伤了孩子心灵中最敏感的角落——一个学生的尊严。

虽然，我急急忙忙向养花的人家讨了一个花盆让孩子带去，但我明白，这件事在孩子的心灵上造成了什么后果。

这件事在她的班级中造成的负面影响也不会一下子消除，因为一个学生威信的建立需要日积月累，而却会在顷刻间一落千丈。

英国教育家洛克曾说过：“儿童一旦懂得尊重和羞辱的意义之后，尊重与羞辱对于他的心理便是最有力量的一种刺激。”

这种刺激将刻骨铭心，甚至终生都难以忘怀。

我郑重地向二女儿作了检讨。我说：“妈妈没把你的事儿认真对待，妈妈错了。”我问孩子：“要不要妈妈去和你的班主任说明一下，为你开脱开脱？”孩子宽厚地说算了，事情已经过去了（我本人就是做老师的，理解老师们的甘苦，所以我很少找老师，为自己的子女说情和辩理）。

我又想，我为什么不能首先向儿子道歉呢？

当孩子们去上学后，我翻看了儿子落在桌子上的日记本（他很可能是故意留在那儿让我看的）。首先，我在日记本里发现了一幅漫画。那漫画是连环画的形式，还带着文字说明。第一幅，一个短发的戴眼镜的女人，手里握着笤帚，露出长长的笤帚把子，指着一个小孩说：“看看你那头！”第二幅，图形相似，文字的说明是：“看看你那脚！”第三幅是一群小孩围着短发的戴眼镜的女人，七嘴八舌地说：“看看你那头、你那脸、你那手、你那脚！”

我知道这短发的戴眼镜的女人就是我，但我不仅没有生气，还偷偷笑了。我曾奇怪：儿子从卧室走出时，脸上怎么会有一副怡然自得的得胜姿态，原来是他的创作、他的幽默救了他。一旦作了报复，心里便释然了。

还有一篇日记呢。儿子写道：“下雨了，家属院的东墙下积了一洼水，杜红、爱国还有几个大孩子在那儿玩。他们折了纸船，说要让那船扬帆远航。我看那水洼像地图上的渤海，就和他们一起玩，比赛谁跟前的船先到对岸，谁就是最棒的海员。这时妈妈过来了，把我揪回家，又打又骂，好扫兴啊……”

看了孩子的日记，我好惭愧！

我给孩子写了一封信，夹在他的日记本里。我说：“孩子，妈妈错了。首先，妈妈不该不问青红皂白，简单粗暴地拉你回家。其次，妈妈不该因为脏了件衣服就体罚你……”

几天之后，孩子大概是看到了妈妈的检讨，脸上挂出愧疚和理解相互交织的表情，甚至不好意思正视妈妈的眼睛。我便主动与孩子亲近，母子遂和好如初。

现在想来，我错就错在当时没了理智，粗暴的行为首先激起了孩子的逆反心理、抵触情绪。宽容产生宽容，对抗产生对抗，这就是与孩子相处的真谛。

分类对待孩子的错误

打骂、放任都是家长的失职。

孩子所犯的错误大致可以分为两类。一是无关紧要的小错误，属于他们成长经历中不可避免的，是他们在不断尝试、不停地探索中必然要经历的。对这类错误，家长一定要宽容。比如孩子唱歌时发错了音，或者是男孩子开始长喉结变嗓子时，家长万不可嘲笑、戏弄他们。我曾遇到有位母亲当着众人的面说儿子：“听听，像老牛在哼哼。”一旦伤到孩子的自尊，恐怕就再难叫他开口唱歌了。再比如孩子在帮大人做家务时碰破了瓷器，这几乎也不能算作错误，孩子在成长的某一阶段常有肢体动作不协调的情形。家长最好是告诉孩子这是个偶然“事故”。为了让他知道瓷器是易碎的，碎了的东西就再不可复原，最有效的方法是让孩子自己动手处理这起事故，把碎片拾起来，把地打扫干净，并提醒他避免自己受伤。这会加深他的印象，同时让他联想到其他易碎的物品，从而养成爱护物品的好习惯。还有的成长中的错误是属于学习知识、培养能力方面的，比如玩积木、拼图片等，孩子必然会表现出稚笨、失误等。这时，家长不仅不应该说慢、笨等消极的词语，而且也不应该积极去搭上一手，代替孩子的行动；而是要鼓励他，说：“啊呀，真不错。你再琢磨一会儿，也许就全完成了。”然后悄然离开，给孩子独立思考的空间。一旦孩子尝试许久，玩出自己理想中的样子，就会享受到巨大的成功的喜悦，增强他独立思考的自信和勇气。

另一类错误是父母、老师和叔叔阿姨们必须纠正的，即属于人品和道德方面的错误。比如撒谎、欺负弱小、不讲文明礼貌、小偷小摸等。

遇到这类问题时，家长要慎重对待，内严外松。内严是家长自己要认识到这些毛病如果改不掉，后患无穷，一定要严肃认真地对待；外松是不可大惊小怪，使孩子感到压力巨大。做父母的首先应扪心自问，自己是不是也犯过这些错误。比如撒谎，为了避免伤及他人的脸面和感情，自己常常会说些无关紧要或无伤大雅的假话。这在孩子眼里可就是实实在在的撒谎啊。所以，在遇到孩子撒谎时，先不给他道德方面的评价，要智慧而有技巧地处理问题，以期引发孩子的反思。给孩子犯错——认识——改正的机会，才能从根上杜绝错误的再次发生。

齐先生在银行上班，家庭经济状况优越，有一次和妻子出差回来，发现厨房和客厅有举办过聚会的痕迹，就问宝贝女儿是否邀请同学们来过家中。女儿矢口否认。可是，当齐先生与女儿的班主任取得联系时，老师说这孩子旷了一整天课，班内同时缺课的还有好几个孩子。齐先生初步判断出自己的女儿与伙伴们在家中热闹了一天。

齐先生和妻子认真讨论起这件事来，虽然觉得事态比较严重——旷课、擅自动用家中的钱、撒谎，但还是压抑着没有发作。他们只是做了认真深刻的反思：女儿这撒谎的毛病来自于何处呢？我们给了她什么不良影响吗？经过自我反省，齐先生的爱人首先自查出她曾在不经意间对孩子说过谎话。一次她的朋友们邀她去看电影，由于是少儿不适宜观看的影片，她不想带女儿，就谎称是自己去买日用品。齐先生也自查出他曾许愿带女儿去旅游，可后来因工作繁忙、应酬太多而一直没有兑现。这些事情显然对孩子造成了不好的影响。

在矫正女儿撒谎、瞒着父母花钱等不良行为时，齐先生和妻子采用的方式不是说自己已经取证掌握了真相，从而以生气的姿态揭穿女儿的行为，而是绕过这件事，通过他们同事中发生的另一件事情引出诚实的话题。

一天晚上，他当着女儿的面向妻子讲了一件事。他的一位银行的同事，在给母亲祝寿时，邀请了好多伙伴去赴宴，但不知为什么唯独没通知他。当他问另一位参加的同事时，那同事也吞吞吐吐闪烁其词。这影响到他们之间的信任和友谊。

妻子知道他说这话的用意，就诚恳地附和道："我们不是也会犯一些错误吗，比如有一天看电影不方便带女儿，我竟然谎称是去商场……"

齐先生抓住契机，也提起自己从未兑现领女儿去旅游的承诺。他说如果同事能告诉他不邀请他的真实原因，他一定会理解并原谅的。诚实是人生的一大美德，坦诚相待才会有信任和友谊，才会互相合作、互利互助；如果不讲诚信，谎言和隐瞒总有暴露的一天，一旦让对方识破，会让对方十分伤心，甚至造成友谊破裂。

妻子便安慰他道："这其中必有隐情，你总会知道真相的。"

在拉家常一般的对话中，女儿一直红着脸儿一言不发。后来，她终于鼓起勇气向父母承认自己逃课在家，偷偷用爸妈的钱搞聚会的事。齐先生和妻子表扬女儿的坦诚，并约法三章，全家三口人要互相监督，改变待人接物上不诚恳的行为，此后女儿再未犯类似的错误。

孩子毕竟是孩子，他们对事物的认识以及对问题的处理往往都显得幼稚和缺乏正确的判断。所以为人父母者绝不能把孩子的"恶习"与成人的"恶习"相提并论。因为孩子的"恶习"既不具备成人恶习的性质和危害，也未必已深入到骨髓深处。比如孩子说："我恨死某某"的时候，就和成人说同样的话不是同一个概念。所以父母应多站在孩子的立场上，分析他说话的用意、做事的动机，以免小题大做，弄假成真。

可怕的是有的父母对孩子的毛病置若罔闻，不给予及时地矫正。如果任其发展下去，微小的毛病最终也会成为难以弥补的道德缺陷。

笔者熟悉的一对摆地摊的夫妇，常把学龄前的儿子带在身边。为了逃税，叫这孩子望风，见戴大檐帽的就喊"狼来了"。有"立功"表现，那些做小买卖的叔叔阿姨就奖赏他水果、雪糕。久而久之，孩子也自己动手拿人家摊上的食品吃。父母对此熟视无睹，他也渐渐养成了小偷小摸的劣习。

如果在问题初露端倪时，父母能够及时而耐心地告诉他东西各有所属，什么是赠与、什么叫奖赏、什么叫购买、什么叫偷窃……将礼义廉耻讲给他听，可能还有挽回的余地；遗憾的是父母只顾忙买卖，忽视了对儿子的教育，等孩子上了学之后老师再反馈这一类问题，恐怕已经积重难返了。

还有一类毛病是天真的孩子遇到稀奇事物时，往往不懂得礼貌，常常将实情点破——也就是我们习惯上所说的揭短。比如遇到说话结巴的人时，他会说："这人说话怎么这样？"到环境比较脏乱的病人家探病时，他会说："幸亏他家不留我们吃饭，要不然真不能忍受。"此时如果父母私下窃笑或欣赏孩子的眼光敏锐，都是不妥的，不仅会助长孩子易将注意力集中于不雅不洁的方面，也等于鼓励了他的口无遮拦；那么批评或惩罚他们对吗？那更是糟糕的选择。

在美国探亲时曾听女儿讲了这么一则事例。美国的父母在教育孩子时，总是把诚实、讲真话放在首位。一次教会聚会结束后，牧师来看望大家，教友们十分感动。他们知道牧师患感冒还未痊愈。当时，一个孩子就说："你脸色苍白，声音也像卡通中的骷髅似的。"孩子的母亲听见很生气，上来就给他一巴掌。可是孩子并没有闭上嘴巴，反而边跑边嚷："我说的是实话，你不是叫我只说真话，不说假话吗？"这时，打骂起到的效果恰恰与赞赏有"异曲同工"之妙。因为孩子有在众人面前表现自己的欲望，他又有"真理（说真话）"在手，是决不会妥协的。中国有“棍棒之下出孝子”的箴言，有些父母也认为孩子不打就会惯坏，实际上这只能使他们变得更加固执，缺乏同情心，甚至发展为冷酷、残忍。

那么，遇到这种情况该怎么办呢？可以以孩子生病时为例。他大病初愈后，脸色和牧师是同样地苍白，叔叔阿姨们是怎样表达他们的关切的呢？他们往往是用委婉的语气说：“瞧那苹果似的脸蛋变白了许多，他好些了吗？”反之，如果实话实说：“瞧瞧孩子白得多怕人，像尸体似的！”听到这样的话，孩子会有怎样的感受？爸妈心中会好受吗？

要耐心地告诉孩子，同样的意思，如果你使用的词汇不同或表达的方式不同就会传递出不同的意思。前者是对别人的赞美、关心和体贴；后者就是恶意的揭短了。推己及人，人与人之间要以彼此关爱和互相温暖为交往的轴心。

生活中，我们肯定会遇到有残疾或者衣着不得体、家居生活邋遢的人，如果我们不能帮助他们改变这一切，就要宽容、体谅；你可以有自己的感受，但要管住自己的嘴巴，这是对人应有的尊重，也是个人的一种修养和美德。

孩子常犯不该犯的过错，有一些小毛病，其实根子还要从大人身上去找。打骂、放任都是家长的失职。如果尽早让孩子对劳动、学习、艺术体验感兴趣，并且具备了多方面的能力和爱好，他的内心世界就会更加丰富和健康，小毛病也就不会频频发生了。

如何引导小小孩的选择

家长尽量要在宝宝还没有哭出声时，淡化这个事。

选择食物、选择玩具、选择朋友……小小孩在成长过程中会面临各种各样的选择；年龄稍长又会面临事业和配偶的选择。孩子选择的对象和选择的方式，与家庭的熏陶有极大的关系。但这些都是在个人价值体系建立之后的选择，不属于本文要谈的话题。这里要谈的是小小孩还不懂得好坏对错时，家长如何引导他们的选择。

在日常生活中，我常常看到年轻而又缺乏经验的母亲抱着烦躁不安的孩子转来转去，嘴里不停地念叨着："哎呀，宝贝儿，你到底想要什么呀？"她们一会儿拿一个苹果给孩子，一会儿又拿颗葡萄哄孩子，想让孩子平静下来。当孩子把她给的东西一一摔掉，依然不安分时，她们便会失去耐性，呵斥道："这孩子怎么这样？你到底想要什么？"事实上，对四五岁的孩子而言，你给他选择的机会是有用的；而对两岁半以内的小小孩来说，他们似乎还不善于使用这选择的权利，尤其是对见惯了的东西，比如常吃的香蕉、苹果、梨子等，连他自己也不懂得想要什么。如果大人一再追问，只会让他更加糊涂不安，因思维混乱而更加烦躁。他的不安分或许表现为哪里不舒服，或许表现为故意在妈妈面前撒娇……对一岁半至两岁半的小小孩来说，“分他的心”或者“转移个场所”或许是最好用的法宝。如果他在饭桌前反复无常地闹腾，你不妨带他到客厅；他在客厅闹，你可以带他到窗前。或许窗外的一只麻雀或小猫会吸引他，使他安静下来。千万注意，孩子的法宝是以反复无常来缠住妈妈，你必须尽快帮助他中止这种反复无常，帮他从任性中解脱出来；否则，母子的心情都会越来越沮丧和不耐烦。

巧妙地提出问题，供孩子来选择，对两岁左右的小小孩有绝佳的引导作用。比如对不爱吃蔬菜的小小孩，你可以这样问：“宝贝儿，你是吃萝卜呢，还是吃青菜？”不论他选择什么，都是蔬菜。如果他偏爱吃甜食或是油炸薯条等垃圾食品，就不把这些列入他选择的范围。最应该小心回避的是孩子用“不”来回答你的问题。比如有的妈妈常在孩子正玩得兴头上时问：“肚肚饿不饿？要不要现在就吃饭？”这时她得到的回答当然是干脆利落的：“不！不要吃！”任何口头技巧都需要创设具体情境来达到预期目的。我曾遇到颇具智慧的母亲，她看到孩子玩得高兴，又明知他肚子饿了时，便拿一样想让孩子吃的食物，坐在孩子身边先不吱声，只是自己先咬了一口，吃得津津有味。当妈妈夸张的动作吸引了宝宝，孩子眼里流露出馋欲时，这才发问：“宝宝要不要尝尝？”这时没有不“上当”的孩子。事实证明，选择法如果应用恰当，会使家长与孩子减少很多冲突，渡过许多难关；使用不当则会难上加难。

下面列举一些帮两岁左右的孩子作选择的技巧，供家长们参考。

（1）两岁的孩子应遵循一些规则，要在玩耍中帮他选择一套他能认可的秩序。我的小孙子在20个月时，知道爸爸去外面购物总是把车停在白线划定的停车位上，认识了停车场。推而广之，我也帮他在家中选择了一个“停车场”。“宝宝的小车车停在哪里好呢？”经过和他一番选择后，确认了一张小桌子下面是他的“停车场”。同时，孩子还拿了一个小纸箱作为他的小动物玩偶的休息场所。这样，一天中的每项活动都按照既定程序进行，每到中午或傍晚，祖孙俩把他的玩具车依次停放在“停车场”里，把各样玩具收拾在他选定的纸箱内。天天遵循这套程序，逐渐养成了好习惯。

对两岁左右的孩子，“反复”和“一致”是必不可少的训练过程。每当收拾他的“战场”时，我还要嘴里念叨：“奶奶不喜欢乱七八糟，喜欢整整齐齐！”久而久之，我的不足两岁的孙子也在念叨：“奶奶不喜欢乱七八糟……”

（2）要接受他寻求安全感的慰藉物。两岁左右的孩子往往会为自己的安全保障选择一些慰藉物，比如选一个最喜爱的玩具、咬一根手指、抱一个小枕头等。父母要接受他这个需求，并帮他选一个便于携带且能时刻不离身的小玩具。在陌生的环境里，一旦孩子表现出不安时，就可以提示他玩他的慰藉物。

要知道这一点点安全感，对小小年纪的孩子是十分重要的。

（3）把贵重东西放在孩子拿不到的地方。小小孩好奇心强，对自己好奇的东西又缺乏抑制力，大人越不希望他选择的东西，他越想玩。我曾遇到一对夫妻，他们怀疑他们家的相机让两岁的小女儿扔到垃圾桶里，被倒掉了。因为他们的孩子有把东西当垃圾扔的习惯，常常把不该扔的东西往垃圾桶里丢。这时就要注意了，除了收好所有小小孩不能取的东西，同时还要告诉孩子什么是该扔的垃圾，什么又是有用的东西，如自己不能确认就宁可不扔，尽早培养孩子的鉴别力。

（4）用充满热忱的态度直接把自己的想法和盘托出，不要用犹豫的态度让孩子选择。比如你要带孩子去亲戚家，那就选择亲戚家的让孩子感兴趣的事物来引逗他，而不要用“去不去”的问题让孩子选择。再比如爸爸妈妈去上班，要由其他人接替带孩子时，可以用轻松的语调说：“爸爸妈妈去上班，某某阿姨陪你玩儿”，或者编成儿歌唱给孩子听，让孩子熟记于心；千万别用“阿姨陪你好不好”的问题来让他选择。两岁左右的孩子逐渐开始有自主意识，一旦有了“不，我要妈妈”的正面抵触，他们会表现得很固执。

（5）转移孩子的注意力。如果家长一时无法满足孩子的要求，最佳的途径是用别的事物来使他分心，转移其注意力。要尽量避免使用“以后”的字眼儿，以免卷进一场冗长的“不要，现在嘛！”的讨价还价之中。

（6）对孩子不合常理的选择，别在乎他的大哭大闹。要让孩子及早明白，大发脾气并不能使他得到什么。家长可以这样来安慰他：“宝宝也许是心情不好，你哭一哭发泄一下也好。”有时候，他看到你“支持”他哭闹反而倒会平静下来。

（7）用音乐来减轻孩子的负荷。一天里的某些时候或某些状况会使孩子受到惊吓，失去安全感，最好不要让孩子置身于他负荷不了的状况中。音乐有抚慰的力量，能营造出舒适祥和的氛围。家长应选择一些经典的儿歌在孩子情绪低落时放给他听。

（8）把计划事先告诉孩子。既然“选择”对这个年龄段的孩子有困难，有时候我们可以事先告诉孩子事情的进展是什么。比如送他上幼儿园，这几乎没有去不去的选择余地。所以家长应先领他到幼儿园去参观，熟悉一下那里的环境，进而给他介绍：那里有好多小朋友可以一起玩，有老师教唱儿歌、讲故事，以引起孩子想去的欲望；然后再领他去购买上幼儿园时要用的背包、衣帽等。这样可以让孩子循序而行，有心理和物质上的准备，对孩子适应新环境也有很大帮助。

（9）孩子做了错误的选择，要给他改正的机会。比如他拒绝听从大人的指令，反其道而行，或者他做了不应当做的事时，我们可以这样说：“好，我想你需要三次机会，让我们再试试吧！”要让孩子知道，最初的拒绝或者把事情办糟算不了什么，而且大人们也从来就认为：做事情应该多试几次。

（10）遇到挫折时，要引导孩子选择好心情。带孩子出门玩常常会碰到意外的风雨，这时候家长一定不要表现出惊慌失措的样子。成语中有“栉风沐雨”，诗歌中也有“斜风细雨不须归”的意境，也许这正是培养孩子处变不惊的好心态的时机。我曾遇到一位智慧的奶奶，一边拉着小孙子冒雨前行，一边以乐观的声调说：“洗澡澡了，老天给我们喷水水了。”遇到打伞的阿姨过来，她还给孙子编谜语说：“远看像个小洋楼，近看像个大馒头，人在它下面走，水在它上面流。”奶奶的乐观情绪影响了孙子，孩子一边踢腾着地面的水坑，一边也跟着奶奶念叨。雨水的考验反而变成他们满怀激情的即景表演了。

孩子们在玩耍过程中摔跤磕碰是难免的。这时我们会发现宝宝的第一反应是愣怔，其实他正在思考这是怎么了，第二反应才是啼哭，因为他意识到哪儿有疼痛，又或者只是想引起家长注意。家长尽量要在宝宝还没有哭出声时，淡化这个事。比如我的小孙子有一次在网球场练走路，突然摔倒后，我就以调侃的语调说：“哎哟，小宝在学猫打滚吗？”——邻居有只猫，他不仅常看到猫打滚，高兴时也常在地毯上表演猫打滚。孩子原准备咧开小嘴儿哭的，经奶奶这么一说，他反倒真躺在地上打开了滚儿。看他情绪依然很好，我再仔细检查孩子有没有受伤。其实因冬衣穿得厚，他根本没什么大碍，只是小手有点红。于是，我再亲亲他的小手，表扬他勇敢、坚强。经过这样反复训练，孩子有时以屁股先着了地，还会自我解嘲说：“小宝坐滑梯，摔了屁股蹲儿。”当然，如孩子确实有伤势，比如擦破皮、碰破膝盖时，也会失声哭叫的。但是勇敢和坚强的价值观一旦在他的小脑袋里扎根后，相信他会越来越皮实、越来越乐观的。

笔者的体会是，大人越是心疼呵护，孩子往往越是伤心难过，进而把疼痛扩大了无数倍，而这个过程中消解的是宝宝的耐受力和顽强精神；家长越是表现得豁达平静，孩子越以为摔跤磕碰本来是家常便饭，久而久之，对磕磕碰碰就会淡然处之。

另外，对待孩子是不是可以使用选择法来引导，除了要看孩子是不是够大，是否可以给他机会外，还要注意孩子的人格特征。有些孩子个性明快，知道自己想要什么，作决定很容易。这些孩子很享受作决定时那份自由和自我表述的感觉，让他们作选择时，屡屡会得到他们的热忱配合。有些孩子则缺乏主见，不知道自己要什么，作选择会让他们越来越糊涂。比如马虎的孩子所需要的是清楚的模式或方向，以便有所遵循，而让他自己作选择只会增加混乱；多疑多虑的孩子更不适宜作选择，他们会把简单的问题复杂化，最好的办法就是直接告诉他事情该怎么做，让他坚决执行即可。还有一种天性喜欢对立的孩子，几乎反对任何人的任何建议，甚至猜想别人想要什么，故意与人背道而驰。当然，一般四五岁的孩子才有这种能力。我曾遇到一位母亲这样讲述他的儿子。她问儿子：“你是玩篮球呢，还是打乒乓球？”这位母亲当然是想让儿子锻炼身体。那儿子却反问：“只有这两种选择吗？”遇上这样的孩子，那就不是引导选择这么简单的问题了。

人常说教无定法，对待千差万别、天赋各异的孩子，没有固定的教育模式。哪位专家、家长也不敢夸口自己的方法是灵丹妙药，能解决所有的问题。所以，你的孩子是不是适用笔者上述所讲的，只有结合自己孩子的特点，在实践中慢慢检验了。

尊重孩子间的差异

呵斥和命令只能促使孩子顺从和就范，并不能帮助他建立良知。胆小的孩子常常因恐惧而失去自尊，产生心理上的疾患。

生于同一棵树的树叶，没有任何两片会绝对相同。从同一娘胎出生的孩子，同样会表现出各种各样的差异。比如我家的三个孩子，大女儿从小就表现出口才天赋，爱讲故事，爱说绕口令；二女儿动手能力强，蹬缝纫机无师自通，常常爱制作些小手工，修理些残破的东西；小儿子则是既不像二姐好动手，也不像大姐爱说话，而是好动脑子，灵感一闪，就迸发出一些奇思妙想。父母就尊重他们这种性格差异，在弥补不足的同时将兴趣倾向发展成才能。结果，大女儿首先沾了英语棒的光，厦门大学毕业后率先赴美留学，取得两个硕士学位、一个博士学位；二女儿动手能力强，就学了医。她在广州暨南大学取得硕士学位后，也因论文答辩得到专家认可，曾有多种选择（后因其爱人赴英留学，便也随之去了英国）。儿子长于抽象思考，考取了吉林大学物理系，后赴美读核物理博士，现在改读计算机专业。作为家长应切记：爱是尊重个性，让孩子充分发展，而不是要孩子合乎我们的期望。

说起来，这样的认识似乎能达成共识，但事实上，有的家长总习惯于用一把标尺来衡量孩子，用教导老大的方法来教导老二，或者是用他们心目中佼佼者的举动来规范自己的孩子。这样做的结果往往是南辕北辙，适得其反。

曾听说过有这样一个高知家庭：夫妇均为大学毕业生，男士曾为某企业集团总工程师，女士后来升到较高级别的领导干部。但在要求女儿上，他们也曾陷入过忽视其个性差异的误区。

二女儿从小就寄养在农村奶奶家，母亲从奶奶家接回孩子后，首先就考察孩子的智力。她举起一个苹果问：

“这是什么？”

孩子回答说：“蛋蛋！”

妈妈不悦了，说：“苹果嘛，什么蛋蛋！”她马上就拿出个鸡蛋来，让孩子区分什么是蛋蛋，什么是苹果。随之得出二女儿不如大女儿聪明的结论，因为大女儿在这样的年龄把苹果和鸡蛋区分得一清二楚。

接着她又举起一颗水果糖来，问孩子：“这是什么？”

孩子很兴奋地回答“甜甜”，并且抓过糖，猴急地剥开，塞进自己嘴里。

妈妈又很泄气，因为大女儿在回答这一问题时，与二女儿的做派大不相同。大女儿回答过“糖糖”后，便很斯文地剥开那花花纸，喂妈妈吃。

这样，原本都正确、都能得满分的答案，妈妈却表现了不同的态度，对老大是赞赏、喜爱；对老二是否定、呵斥：“瞧那吃相！以后叫糖糖！”

这就是不尊重差异，不尊重孩子的生活习惯和认知规律。其实，二女儿的回答并没有错。在当地农村，娃娃们初学语言时，妈妈把圆形的物体都教成蛋蛋，苹果是蛋蛋，梨也是蛋蛋。由形状出发而归类，丝毫不会影响她后天智力的发展。同样，由味觉“甜甜”来称呼水果糖、冰糖、白糖之类，也不能说明孩子的天赋差在哪里。

大女儿从小生活在自己身边，她所接受的信息完全来自父母，父母对她的一举一动便都看得惯。二女儿从小接受的是另一个家庭给她的熏陶，当她回到自己的家庭时，必然带来那个家庭的影响和习惯，这是情理中的事。父母无视孩子认识事物的客观规律，是父母的错，而不能怪孩子。

呵斥和命令只能促使孩子顺从和就范，并不能帮助他建立良知。胆小的孩子常常因恐惧而失去自尊，产生心理上的疾患。

更犯忌的是，这对父母还常常当着二女儿和外人的面，表扬老大。而他们所称颂的老大的长处正是二女儿的短处。这种暗示性的批评就有点儿揭短和讽刺的性质，就仿佛当着武大郎的面一个劲儿表扬武松如何高大英武一样。这不仅对培养大女儿的自尊和自信帮助不大，而且使二女儿更畏惧、自惭和没有信心。二女儿正在院里欢快地跑着，与小朋友们玩捉迷藏，一旦发现妈妈从对面走来，就会突然像小老鼠看到大花猫一样，垂手侍立，两眼看着自己的脚尖，一动不动。直到有人过去小声儿告诉她，“你妈早走了”，她僵滞的神情才会慢慢地鲜活生动起来。

在这种畏惧和设防的心态下，二女儿有什么心事也不肯与爸妈交流，时时在加固着她与家人之间的情感防线。

老大语言天赋好，曾在电视台做过英语节目，带给爸妈的往往是掌声和光环。爸妈便把鼓励的言辞、满意的微笑、深情的目光回赠给她。这样就形成了母女、父女关系的良性循环。这种良性循环又成为孩子健康发展的推动力。后来，这孩子在亲友的资助下赴美留学，取得了不错的成绩。

而二女儿就没有那么顺利，父母虽然几经周折，终于把二女儿也送出国，东渡日本去学牙医，但她出国之后，与家庭越来越淡漠，终至失去了联系。

穷人家培养出个馋孩子

教孩子获取利益容易，教育孩子懂得放弃很难。这对父母的失职在于没有及时教育孩子，有些利益一定要放弃。

在山西一座产煤名城里，有一位工人原在国营酱菜厂上班，家中有一儿一女。妻子因耳朵失聪，是地道的家庭妇女。本来靠一个人的工资养活全家，日子就过得紧巴巴的，不料，在20世纪80年代末，因单位不景气，这位工人又下了岗。为了活路，夫妻俩就在大街上摆开了地摊，卖些塑料桌布、台布。当时，对下岗工人的优惠政策还未出台，他们无证经营自然不合法。收市场管理费的工商管理人员、收税的税务局人员、检查卫生的防疫站人员，常常来驱赶他们，动辄就要收费、处罚，没收其货物。但是下岗工人们吃过几次亏后就想出了对策，那就是派小孩子们在一边放哨。这位下岗工人的儿子当时五六岁，也就担任了放哨的重任。

“狼来了！狼来了！”

孩子们这样一喊，小商小贩们就卷起地摊上的东西，迅速逃走。打一枪换一个地方，再到另外的地方开张。望见收费罚款的远去，孩子们再喊“平安无事”，小商贩们便又云集起来，回归到闹市。

这位酱菜厂工人的儿子眼尖、机灵，常常得到叔叔阿姨们的好评。每天收摊时，总有货物出手快、赚了钱的叔叔阿姨给他些奖赏：一支冰糕呀、一串糖葫芦呀、一个茶叶蛋呀，等等。

父母看着孩子吃得香甜，便也嘻嘻而乐。孩子从父母欣赏的目光中又得到了另一种甘甜，这时就不仅仅是口腹的满足了，自豪感也油然而生。于是，干盯梢、放哨的活儿更感兴趣，更“爱岗敬业”了。

这样，他得到的奖赏也常常升级，有时能吃根鸡腿，有时能品品果汁……

孩子到了上学年龄，父母就语重心长地教导孩子：“以后可不能心野了，在吃东西上也要收敛。不能看人家有钱的同学吃什么，你也想吃什么。”

小男孩当时很兴奋，因为与姐姐一起上学也是他很向往的事情，连连点头应承，好像领悟了父母的教诲一般。

可是，入学不到半年，不愉快的事儿就来了。先是班内要集体订购饮料，在课间让孩子们喝。这父母一合计：一个孩子一月交 25 元，两个孩子就是 50 元。一年就得 600 元。这得卖多少塑料布？咱不订！

其实，一个班不订饮料的也有那么五六个孩子，每到老师分发饮料时，这些孩子们就躲到教室外玩——这小男孩的姐姐很懂事，每天上学前都给自己和弟弟各带一瓶自己沏的橘子粉水，等同学们喝饮料时，便喝自己带来的水。然而，这小男孩却总觉得人家的饮料比他带的水甜。有一次，他甚至趁老师同学不注意，私自拿了人家一袋饮料，为此还惹出了麻烦。

再后来是家中不断丢钱，今天丢两元，明天丢三元，最多时竟然丢了十几块钱。当父母发现是自家儿子拿了时，好不寒心！他们把儿子绑到条凳上，不给吃饭，问他拿钱干了什么。

“买了糖葫芦。”

“买了茶叶蛋和鸡腿。”

大人们一听是滋润了自己的嘴，更是生气。这父母不禁痛心疾首，教育儿子道：“你亲眼见爸妈东躲西藏地赚钱，难道不心疼爸爸妈妈赚钱是多么艰难吗？上学前爸妈对你说的是什么，你怎么全当了耳旁风？”

任你怎样说一千道一万，这小男孩总是改不掉私自拿钱买零食的习惯。因为日子一长，他就觉得口淡，肚里仿佛住了个馋虫，动不动就勾起他的馋瘾。

物以类聚，人以群分，后来他结交的朋友也多是爱吃贪玩的。功课越落越远，熬到初中毕业，他就再不想上学读书。父母万般无奈，只好听天由命。

这小男孩的母亲因为自己的耳疾，小时候没有念多少书，这是她的终身遗憾。自己的儿子聪明伶俐，却不肯读书，她实在于心不甘，因此，逢人便唠叨儿子辍学的事。有人便批评他们夫妻教子不当。

第一，父母从事不合法经营，不该让孩子们来参与。这间接给孩子灌输了一种不遵守社会法规的意识。

第二，教孩子知道获取利益容易，教育孩子懂得放弃却很难。这父母的失职还在于没有教育孩子，有些利益一定要放弃。比如，当叔叔阿姨们给他买吃食时，就应教育孩子说：叔叔阿姨们赚钱难，这些东西咱不吃。孩子的自我克制意识也是日积月累，慢慢形成的。

第三，孩子入学后，班里预订饮料，父母应该给花这笔钱。因为让尚未成年的孩子去感受自己不如人，自己的爸妈吝啬、不舍得给自己付出是一件极其残酷的事情。这种孩子容易产生自卑感。自卑感发展下去，就容易自暴自弃，破罐子破摔。

当这对父母明白错在自己时，已悔之晚矣。因为家庭教育中的失误，如同治病用错了药，有些后遗症会伴随孩子的一生。

钱能填充家教中的空缺吗？

有的男人对妻子说：“挣钱是我的事，管孩子是你的事。”干脆放弃了家庭教育的重任。其实，不教育也是一种教育，不过是一种消极教育而已。

近些年，社会经济的快速增长和文化教育理念的相对滞后之间的冲突和碰撞表现得越来越明显。20年前，最早一批发家致富的私营企业家如今已有不少深感自己跟不上时代的步伐了：一是年龄大了，精力不济；二是社会对企业产品的科技含量要求越来越高，自己的文化底子跟不上了。所以，他们常常感叹：早想退居二线了，可惜子女们不争气，靠不住啊！

下一代靠不住的原因何在呢？这些非常自信的成功者往往不从自己身上找原因，而是抱怨：我为他们的教育曾投资了多少，那一次夏令营儿女曾花掉多少，结果却统统打了水漂……

一位锅炉大王为了让儿子上重点高中，为学校捐献了特号锅炉；一位建筑公司的总经理曾为女儿所在的学校铺过篮球场地；一位服务行业的经理曾为孩子学校的多功能电化教室集过资……听到孩子们抱怨这所学校住宿条件不好，或者那所学校伙食太差，他们就买通关节，不惜重金，选择环境优越的贵族学校。

要不就是为孩子配备手机、手提电脑，对孩子有求必应；平时车接车送；发现孩子考试落伍，便请授课老师下饭店吃生猛海鲜；要不就在学校附近租房，妈妈去陪读……

我们首先应该肯定，这些成功人士为他们的孩子付出的同时，也为社会作出了贡献。但是，我们也要诚恳地告诫他们，金钱往往不能填充家庭教育中的空缺——你花钱为孩子求学所买到的便利并不能成为他们学习的动力，反倒常常成为其阻力。

坐小车到学校和风雨无阻蹬自行车上学的同学，哪一个学习动力大呢？显然是后者。哪一个更渴望过年过节回家享受一番呢？显然是前者。

而且，您在为子女花钱买便利的同时，也为子女买下了优越感。优越感不会转化为学习的动力，相反，优越感常常会消解孩子在同学中的亲和力，因为同学中毕竟是平民百姓子弟为多。一位学习成绩特棒的穷困生曾讲："同学们到食堂买饭，我们看菜单是从下往上看（下面的菜价低），人家是从上往下看。吃的东西不在一个档次上，就不往一个饭桌上凑。咱土豆白菜怎好意思和鸡腿牛排一起呢。"而且，据该生讲，吃土豆白菜的往往是一边吃，一边讨论学习问题；吃鸡腿牛排的往往是谈论台球技艺、上网趣闻。优越感的膨胀甚至会使孩子产生"唯我为大"的思想与不加抑制的贪婪欲望。

另外，与老师交流、了解孩子在学校的表现是非常必要的，但不宜动不动就请老师吃饭。在相信教师爱岗敬业、对学生一视同仁的情况下，也要防止“吃人的嘴短”，有的老师于是就迁就、纵容孩子的某些不良行为。

总而言之，尽管金钱能买到便利和轻松，但在对孩子的家庭教育中，您万莫贪图便利和轻松。有人说：“好树栽子，不捅自直。”但同样的直，经过修剪的高耸云天，不修剪的却很委顿，所达到的高度大不相同。有人在商场得意、踌躇满志时，会留心一下孩子的行为、表现；一旦商场失意，甚至焦头烂额时，不管孩子向父亲倾诉什么，父亲都会因烦躁而把孩子推给母亲。

这种忽冷忽热的关爱，会造成交流双向的盲目性：孩子对家长的关爱捉摸不定，家长对孩子的生理、心理、爱好和需要也不清楚。

有的男人对妻子说：“挣钱是我的事，管孩子是你的事。”干脆放弃了家庭教育的重任。其实，不教育也是一种教育，不过是一种消极教育而已。

莫为孩子的选择担忧

对别人家孩子的自主选择容易表示同情和尊重，自己的孩子若这样，说不准也会拼命反对呢。

一个星期天，我去一位同事家找一份复习资料，刚好赶上一家人议事不合，争辩得面红耳赤。原来是高考落榜的儿子不想复读，想问父母要四五百块钱，买一台电子配钥匙的机器，在距几所学校不远的十字路口开业配钥匙。父母好歹不肯答应，他们的理由有四：第一，父亲在重点高中的数学组是数得上的优秀教师，而且粗通理化课，这儿子学习数理化的条件岂不得天独厚？母亲又在校阅览室上班，时事政治及文科其他复习资料，要什么就可以提供什么。这么好的学习环境你为什么不利用，偏偏要去十字路口修锁配钥匙呢？第二，父母虽谈不上有多么体面，毕竟也有些文化素养，怎能让自己的儿子高中一毕业就沦落到市井，与钉鞋匠、修脚匠为伍呢？第三，儿子补上一两年学，实在是尽力了，还考不上，那也就死心塌地了；刚刚高中毕业，怎么就要放弃呢？第四，很重要的一点是，高中刚毕业，没有社会经验，你能应付公家收税的、罚款的，地方上的痞子无赖吗？放你出去不放心！

听了这父母的话，我深表同情，因为自己也是做过十多年母亲的人了，很能理解父母那份良苦用心。我想：此前就听说这家三个孩子，就数这老大不安分，不好好念书，屡屡留级。留得弟弟都上了大学，他才高中毕业。看将来人家弟弟斯斯文文回来，工薪白领，与你这配钥匙的两相对照，是啥光景。

尽管我心里这样想，嘴上却没有这样说。因为那父母已把我推到“仲裁者”的位置，我还得听听孩子怎么说。否则，岂不成了“一面子”官司？

那孩子自有他的道理：

一、任你条件再好，我就是不喜欢坐在教室里死抠数理化。一看见难题，我的头就发涨——没兴趣。

二、你们让我复读是白白糟蹋家里的钱，白白浪费我的时光。因为我根本读不进去。要是我现在就赚上钱，还能帮你们供养弟弟妹妹——经济账。

三、我凭辛苦赚钱有什么丢人的？我都22岁了还去复读，一年一年考不上，老依靠父母，那才丢人呢——价值观。

四、人家现在正提倡下海经商呢。我又不准备一辈子就坐在十字路口配钥匙！等积攒下资金，我还准备做大老板呢——有理想。

五、你们不让我走向社会，永远不会有社会经验——要自立。

一听这孩子的选择并不是一时兴起，而是经过深思熟虑的，并且他的想法又合情合理，我就劝说那父母给他四五百元，让他尝试尝试。一旦在社会上碰了钉子，再作理会。

尽管这父母沮丧得很，一再强调他们不是心疼这四五百块钱，是担心他初出茅庐，在社会上结交了坏人，毁了他的一生。但因为拗不过儿子，还是顺从了他。

可是，谁也没想到，这不爱读书的高中生早就看到了商机！十字路口附近的几所重点高中、初中，走读生寥寥无几，大都是住校生。一个宿舍住七人，只发给两把钥匙，其余五人都得自己配一把。他在上学期间就亲眼目睹了同学们跑大老远去配钥匙的艰难（有时配下的钥匙还开不了锁，得再去修整）。于是，在新学期新生入学前，这小师傅就练好了手艺，并在十字街的电线杆上张贴了大红广告：

学生配钥匙，享受优惠价。每把钥匙八毛，不合套免费修整。

其他地方配一把都要一元，这里又便宜又近便。于是新学生、旧学生（那些毛手毛脚的孩子最容易丢钥匙）都去光顾。这位下海的中学毕业生初战告捷，一个多月就赚回了买机器的成本。

可是这对父母却笑不出来。当我向他们夸孩子有恒心时，他们却总是摇头苦笑，说他们因为他发的愁、生的气，远比说出来的这些多。孩子从小就爱拆卸东西，好好的马蹄表让他拆坏了，锁刚有点儿生锈，就让他鼓捣开了。原指望他学机械，长大当个工程师什么的，不料还不如吃粉笔灰的爸爸呢，坐到大街上吃起了“金粉”、“银粉”！

一年之后，这孩子积攒了些钱。有了小成功，就滋生了大愿望。他想在修锁配钥匙的同时，再做个下面带轮的铁皮小屋，面向学生，卖钥匙链、小锁头、贺卡、日记本、蜡烛、卫生纸、方便面、雪糕等。并想通过父亲的门路，在这所重点中学的校门口申请块地盘，弄个经商执照，堂堂正正干起来。

不料，这件事情又遭到了父亲的反对。父亲说：你愿意住铁皮屋子，我没意见；你想办营业执照，我也帮你。但就是不能到母校校门口现眼，不能赚我教的学生的钱。如果那样，我登上讲台都会周身不自在。

父亲倔，儿子比父亲还倔，他辗转求亲戚朋友帮忙，最后终于如愿以偿。他偏偏就在母校门口申请了地盘，正儿八经地经起商来。他认为这是方便母校师生呢。

有一次我遇到他，问：“生意怎样？”

他笑盈盈地回答：“不错。昨天晚上光蜡烛就卖下八十元。”

我恍然想起昨晚停电。在这临近高考的日子里，高三学生惜时如金。可不是，他也确实方便了学弟学妹。

十几年过去，这孩子早在原来那修锁配钥匙的十字路口附近买了房，开了小超市，做了小老板，手下雇着三个售货员。有趣的是，他父亲退休后还自愿到他那儿打工。而儿子觉得老爹卖货不灵便，把他辞退了。但每到年关，顾客盈门的时候，看儿子媳妇忙得很，这爱操心的父亲仍然要去帮忙。

“观念大变了。”我笑这位父亲的彻底掉价，见了面免不了刺一刺他。

“时代在前进嘛。”那父亲自我解嘲地说，“实际上咱老一辈坚持的往往不能代表时代潮流。当初要不是听了你的劝说，哪能发展到今天？”

其实我内心非常惭愧，因为我当时的价值观与这孩子也存在着较大差异。对别人家孩子的自主选择容易表示同情和尊重，自己的孩子若这样，说不准也会拼命反对呢。

教孩子寻求帮助

公平公正的道德准则、良好的心理素质和较强的社会适应能力，不是在温馨的家庭内和程式化的课堂上形成的。它需要经风雨见世面，在复杂的社会实践中历练。

小叶的妈妈是个半文盲，望子成龙的心思也不怎么急切，可是，她却培养出两个有出息的儿子。探索其中的奥秘，那就是她放手让孩子们走向社会，自己去寻求帮助。

小叶的妈妈原来跟着前夫在重庆生活，丈夫有一份不错的工作，膝前有两个儿子。不幸的是后来发生了婚变，丈夫把她和小儿子小叶遣送回山西农村，自己又组建了新的家庭。小叶的妈妈带着孩子回村后，适逢“文化大革命”期间，农村经济濒临崩溃，农民们靠工分吃饭，小叶的妈妈生活难以为继，无奈又嫁了人，后来又生了一男一女。每当家中拿不出上学的费用时，小叶的妈妈就说：“孩子啊，给你重庆的爸爸写封信，让他帮帮你吧。”这位善良的母亲，从来也不抱怨，不在孩子心灵深处播撒怨恨的种子。

然而，一封封信都石沉大海。

小叶的妈妈在万般无奈下，就领着正上五年级的小叶，跟生产小队队长说："星期天、节假日，能不能让孩子帮队上结算结算工分（小叶的算盘打得不错），如果你们觉得他能行，就给他也记上几分。"

这样，小叶在十岁时就开始了他人生的第一次打工。走出家门、校门，开始进入成人社会。自己出了差错，曾被别人冷嘲热讽；自己做得好，也会被别人赞许。其中的艰难辛苦难以一一尽述。

然而，小叶现在回头来重新认识那一段人生经历，却觉得那是妈妈送给他最宝贵的财富。因为公平公正的道德准则、良好的心理素质和较强的社会适应能力，不是在温馨的家庭内和程式化的课堂上形成的。它需要经风雨见世面，在复杂的社会实践中历练。

小叶在农村表现好，13 岁被保送读高中。妈妈对其前途的期望并不大。孩子在校读的是"政治侧重班"，目标是为农村培养干部或农民夜校的政治理论教员（"文化大革命"期间学校的办学方针是"社来社去"，直接面向当地农村培养人才）。入学前，妈妈又让小叶到各亲戚家寻求帮助，凑够了入学所需的第一笔经费。

入学后，在班主任老师的支持下，小叶申请到了助学金，补贴了部分伙食费。由于亲身经历了筹借学费时难以启齿的窘迫，小叶在学校如饥似渴，学得非常勤奋。政治侧重班的课程根本不能让他满足。他又借了数理化课本，蚂蚁啃骨头般硬啃。在同学中解决不了的问题，就去找老师。为了学数理化，他几乎找遍了母校所有的理科老师。

要知道那个时候主动找老师问课的学生几乎没有。因为上大学实行“推荐选拔制”，能否被推荐，与学校无关，更与学习成绩无关。“交白卷”的张铁生被宣传为“反潮流英雄”，“读书无用论”正统治着学校。小叶不同寻常的勤奋好学，自然感动了老师们，那些满肚子学问、无人重视的老师简直把小叶当成了知音，倾囊相授。有人好奇地问小叶：“你怎么对学习这样热爱呢？”他说：“在我的生活中，什么都不及学习快乐。”

机遇属于有准备的人。恢复高考制度后，刚满16岁的小叶以优异的成绩被华中工业大学录取。

可是，在接到录取通知书的同时，小叶的母亲却突然病逝了。母亲没有给小叶留下任何遗产，却留下一家的拖累：尚未成人的弟弟、妹妹，还有病病歪歪的继父。母亲临终前留给儿子的遗言是：“儿啊，妈妈再也帮不上你了。世上好人多，自己找贵人相助吧。”

小叶在母校老师的资助下上了大学。

小叶是他家第一名大学生，很快就与亲生父亲重修旧好。在父亲和继母的帮助下，他顺利地完成了大学学业。

大学期间，小叶不仅学习成绩突出，而且积极参加多种活动，他曾以《我的老师》一文获得学校的征文大赛奖。为了适应时代的需要，开阔自己的眼界，他努力学习外语（中学期间未开设外语课程），不仅按学校要求通过了英语等级考试，还自修日语。学校里有一位归侨老师，精通日语，小叶常去求教，受益颇多。毕业那年，适逢国家选派出国留学生，小叶以日语特长脱颖而出，在经过一年的加强训练后被派到著名的日本东京工业大学攻读博士。

留学期间，他克勤克俭，常用这样的座右铭来鞭策自己：道德品质上严要求，生活享受上低要求，学业科研上高要求。在取得博士学位前夕，他的继父也去世了。他又担当起了这个家庭擎天柱的角色，供弟弟读完高中和大学，帮妹妹成家立业，以及供养下岗的生父和继母。如今，小叶在日本一家著名企业专门负责在中国的投资业务，可算是事业有成，但他没有忘记在人生的每一个关口，他都及时得到好心人的帮助，他在竭力回报亲友、老师、母校、家乡和祖国。

一个人能清楚地判断出谁肯帮助自己，并能得到有效的扶助，其实就是自助能力的展示。这其中，个人诚信、亲和力和人格魅力都在发挥作用。

小叶的成功，当然是个人奋斗的结果。但妈妈放手让他寻求各方面的帮助，也起到了至关重要的作用。

从大自然中汲取营养

对儿童好奇心的满足是不封顶的。经历了具体实践，家长的作用最好是能给他们提供新的资料，指出新的探讨科学奥妙的思路，让他写出心得体会，把事物的内在联系再升华一步。

20 世纪 70 年代，我们的家还在晋北的崞阳镇。因我先生在该镇小有名气的范亭中学教授数学课，我以回乡务农的六六届高中毕业生身份，被聘为该校语文代课教师。那时物质生活和文化生活的贫乏简直难以用言语形容。全镇只有两店（综合商店、粮店）一院（电影院）。在综合商店里，我们凭布票穿衣；在粮店里，我们领粮糊口——1977 年之前，我和孩子们还是农村户口，不具备去粮店领商品粮的资格，事实上是丈夫一个人的供应粮，全家人吃。至于电影院，多数是去开会，接受阶级教育。一年之中，学校集体组织去看一两场样板戏电影。

然而，正是这种生活的贫乏，使孩子们懂得了家道的艰难。只要能够在经济上节省一些或者想法儿落点儿实惠，孩子们就万分高兴。妹妹的作业本往往是姐姐用过，又被姐姐重新改造了的；姐姐打底稿的抄本又往往是爸妈的教案本。孩子们正面写了反面写，直到密密麻麻无落笔之处才交给妈妈裱放米面的纸箱子或做手纸。

节假日，一家人常去野外拾柴、挖野菜、采蘑菇，最愉快的事莫过于到北桥河打捞田螺。

从我们家出来，大约走上二百米左右，穿过古老的北城门洞，便是一座叫来宣桥的石桥，它和城南的普济桥遥遥相对，在公路出现之前一直是晋北的交通咽喉。来宣桥下的北桥河流水潺潺，终年不绝。夏天草木茂盛，繁花似锦，我们一家人带了小桶、筛子，沿着潮湿的小径直奔桥墩。这时，做爸爸的总要给孩子们讲讲这桥的来历、小城的演变、从前日本鬼子侵占带来的灾难……

有时，突然会有野鸡呱呱地蹿出，美丽的翅膀扑哗哗扫着草尖，飞向蓝天。孩子们瞪大眼睛寻声望去，原来这美丽的鸟儿正悄然栖息在绿茵中孵蛋，被我们惊了。

额外的收获使全家人怡然大乐。沐浴在蓝天丽日的惊喜中，孩子们好奇心大增（好奇心能促使人的大脑对刺激物产生集中的兴奋性，产生一种“欲知其所以然”的愿望，使人的注意力高度集中，有利于培养人的探索精神）。每逢这时，孩子们便会合不拢嘴，不停地问这问那。

沿着一条杂草丛生的渠棱向东走一会儿，出现了一道水弯儿，水流慢了下来，孩子们会突然惊叫起来：“瞧，为什么这儿会有这么多田螺？”极富师心的爸爸就启发孩子们说：“你们看这地方有什么特点呢？”

这个说："这地方的水流速慢。"那个说："这地方水草多，水浅。"经过认真观察，孩子们又发现了钻在水草下乘凉的糠皮小虾。于是唧唧喳喳，一番探讨，得出结论：水流慢、水浅的地方温度较高，营养丰富，适合田螺和小虾繁殖生存，这里水草往往也多，容易躲避敌人（启发孩子把自发的好奇心转移到智力活动的兴趣上时，家长的职责往往超过老师）。

这时父子们已经脱了鞋袜，卷起裤角，张开了捕捉田螺的筛子。记得收获最大的一次竟然捞了半桶。

回家后好一顿美餐！自己的劳动所得，不花钱的佳肴，孩子们吃得尤其惬意。然而好景不长，不久，全家人就都出现了肚子沉重的感觉，接二连三上厕所。经过咨询一位常吃田螺的山东人，方知自己捕捉的田螺不能马上就吃，必须在置盐的清水中浸泡一宿，让它们吐尽腹中的泥土才可以消除副作用。

经历就是知识。这件事后，我们督促二女儿参考有关书籍写了科技小论文《北桥河的田螺》。这篇小论文曾获本地区科学技术协会颁发的优秀小论文证书。

对儿童好奇心的满足是不封顶的。经历了具体实践，家长的作用最好是能给他们提供新的资料，指出新的探讨科学奥妙的思路，让他自己写出心得体会，把事物的内在联系再升华一步。儿童在这一活动中会得到创造的享受。

游泳能促进儿童智能的发展

既然有良好的开端，就必须争取良好的结果。如果在这件事上半途而废，那就为别的事情的半途而废开了先河。

崞阳湖其实是崞阳镇北桥河上游的一个水库，下大雨水位上升时，水面能有五六十米宽，附近的农妇们常来这里搓洗衣物。想不到这里竟成了我先生教孩子们游泳的训练基地。

在肉食供应极其贫乏的年代，崞阳湖还常常与我们家的餐桌联系在一起。不知何时，当地一位负责人从南方买回了鱼苗，播撒在崞阳湖里。鱼苗里带回了虾种，湖里的虾便“子又生孙，孙又生子，子子孙孙无穷匮”地繁殖起来。每年夏季，到骄阳似火、绿柳婆娑之际，虾便来到水温较高的岸边产子。星期六，我先生就带着妻女，拿了大搪瓷杯，争奔走焉。

我先生出生于天津，海河边长大，喜鱼虾，善游泳。深深吸一口气，一个猛子扎下去，半天不见动静。过了一会儿，说不定从什么地方钻出头来，手里举着一只明晃晃的虾，从钳到尾足有三寸长，朝我和孩子们炫耀。

孩子们便沿着长满青草的湖岸跑，雀跃着呼叫爸爸朝自己的方向扔，然后争着捡起来放进搪瓷杯里。

那时，当地人还不懂得这毛毛乍乍的东西能吃，洗衣服的女人们停下棒槌，让她们的孩子围拢来观看。我让孩子们送一只给他们时，吓得那娃娃们啊一声跑得老远。

回到家，我折柴生火，孩子们和爸爸去须去爪，再一个一个地数，常常为创造了新纪录而惊呼。最高纪录一次捉了一百零八只呢，孩子们兴奋地说这是梁山泊的一百单八将。

饭桌前，我先生总是看着孩子们吃，自己敷衍着并不认真动手。孩子们夹给他，他总是说："和你妈结婚前，爸爸抓多少都是一个人享受，早过瘾了。"

后来，我们就萌生出让孩子学游泳的念头。当时，我顾虑很多。一是老大是女孩，胆子小，敢不敢下水呢？二是水脏，附近的老百姓没有自来水，洗涮困难，每年夏天带着积存的脏衣服、被单、褥单来水库边除污。在这样的水库里学游泳，会不会传染疾病，影响孩子的健康？

"水库这么大，她们在东边洗，我们在西边游。"我先生执意坚持。

那时，除了几个下乡插队的知识青年会游泳外，一般人都不会游。街上没有卖泳衣和救生圈的商店，我就给女儿缝了个镶白边儿的红色小泳裤。我先生从学校体育组借了个老式救生圈，比汽车轮胎都大。三岁的大女儿由于营养不良，又瘦又小，套上大救生圈，像扁谷漏出大筛眼儿一样，极容易滑落出圈。我先生又在女儿腋下拴了一根长绳，自己松松地拽着，以防万一。

孩子出于对漂亮小泳裤和大救生圈的新奇，不知不觉就下了水。开头，进步飞快。小孩子对水没有畏惧心理，手脚特别能放得开。再加上孩子的骨骼、关节不像大人那么僵硬，所以做手划水和腿蹬夹水的动作时，非常协调。虽然肤色晒得黑黑的，倒真没有闹病。而且，因为体力消耗大，每次游了泳都胃口大开，玉米面窝头也吃得津津有味。

但是，当她能摘掉救生圈（腋下仍然拴着绳子）靠自己的力量游，逐渐能抓到爸爸扔在十米以外的救生圈时，她的游泳技术出现了阶段性的停顿。她不是借口说中午迷糊想睡觉，就是说身体不舒服，不想再坚持了。

这时，我们夫妻俩都意识到：既然有良好的开端，就必须争取良好的结果。如果在这件事上半途而废，那就为别的事情的半途而废开了先河。事关孩子的恒心、意志等健康品格的培养，不能姑且，必须从此事开始。

怎么办呢？强迫、命令只会产生对立情绪，无济于事。

突然我想到女儿爱照相。我们就请了学校会摄影的郭老师，到崞阳湖给女儿摄泳照。女儿在郭叔叔的夸奖下作了超水平的发挥，她从照片中看到了自己的泳姿，获得成就感的享受。她还知道自己是这里年龄最小、蛙泳姿势最好的孩子，自豪感调动了孩子的积极性。

爸爸将救生圈扔出 15 米、20 米、30 米远，让她游过去抓，一天比一天进步大。从套着保险绳到解掉束缚，女儿终于进入游泳的自由王国。大女儿树立了榜样，二女儿、儿子也不甘落后，都是到五六岁时就学会了游泳。小儿子悠然自得，居然能仰面朝天在水上一动不动，闭上眼躺上十来分钟。

起初，我们只是想让孩子们摆脱“旱鸭子”的束缚，多一样本事，并不知道游泳能促进儿童智能的发展。后来在一本书中看到，德国的体育教师和心理学家早就在做这方面的试验了。

德国小女孩玛克西出世才两个月，她的父母就把她带到了游泳池。每星期六的早晨，她与其他 30 位婴儿在科隆体育学院的温水泳池里尽情地玩水。那里有许多体育教师和心理学家在支持婴儿学习游泳的活动。他们并不是着意培养游泳尖子，而是为了尽早让婴孩有机会发挥运动本能。他们认为，没有一个健康的婴儿生来是怕水的。“如果婴儿出生后不久可以在温水中玩耍，那么他们会把这个嬉戏当做在母亲子宫内的羊水中生活的继续。”如果婴儿的头浸入水中，父母也用不着担心。因为婴儿具有良好的适应这种环境的天赋。一种所谓“防御反射性运动”能保护六个月之内的婴儿免遭呛水的危害。

慕尼黑大学儿童诊所主任克劳斯·贝特教授认为孩子在水中运动会增强抵抗疾病的能力。游泳对婴孩像种牛痘一样重要。科隆的运动学教授莉泽洛特·迪姆女士和她的同事受联邦教育部委托，进行了一次为期两年的调查，他们密切跟踪和测定了 165 个学龄前儿童在德、智、体方面的发展，收集了 36 000 个数据，从中得出结论：自出生后三个月就学习游泳的男女小孩要比不会游泳的同年龄幼童整体发育状况强得多。游泳的小孩见多识广，容易耳聪目明。

心理学者格哈德·布克哈德和体育教师希尔特鲁德·格哈杜丝女士说，学习游泳的男女小孩是“过早被激发出运动本能的儿童”。他们乐于交际，善于过团体生活，喜欢与小朋友来往。他们胆子较大，不会被人一下子吓住。他们聪慧好学，勇于进取，做起事来思想集中，脑子反应敏捷。

崞阳湖游泳是不是也给我家孩子培养了如上诸多优势呢？我不是专家，不能确定。但可以肯定的是孩子们身体健康，抵抗力强，心、肺和肌肉组织发育良好。大女儿 16 岁考上厦门大学，从晋北黄土高坡，到闽南东海之滨，没有生病。对那里酷热、潮湿的气候，对那里的饮食，没什么不适应。倒是常在信中感激爸爸教她学会了游泳：让大城市来的同学都稀罕，这位山西土妞竟敢弄潮于大海，比许多南方人还识水性！小儿子上了吉林大学，对长春的严寒和东北的高粱米，也没有不适应。四年中长得膀阔腰圆，在标准游泳池里不游够三四十圈不上岸，每一回游下来都有四五公里。同学们公举他为义务游泳教练。二女儿到珠江之滨的广州读研究生，一年四季，随时可以在浪花中穿行。她在崞阳湖畔摄下的青春身影，伴以绿树、白云、波光、水色，一直放在我们书房最显眼的位置，不时唤起我们对嵣阳湖的美好回忆。

人常说仁者乐山，智者乐水。反过来，山水必然启迪心智、陶冶性灵。在广阔的大海边，人的心胸必然广阔。在平静的湖水中，人的心灵必然宁静。

三个孩子还有个共同特点是心胸开阔，宽和容众，四海为家，乐于助人。不论天南地北，都有朋友系念。

[注：据1979年东德《自由世界》杂志报道，在苏联，配备人造水池的儿童诊所已与日俱增。专家认为，儿童足月后即能从事此项活动。仅仅在莫斯科一地就有近千名婴孩每个星期进行三次“训练”。游泳的婴儿耐寒耐病，心、肺、肌肉组织发育良好，多数孩子比同龄不会游泳的婴孩更早学会走路。]

巧妈妈与笨孩子

我们的教育传统大多是教育孩子去依赖大人、依赖权威，而不是鼓励他们相信自己的选择和判断。

从小就听人说：手巧的妈妈往往养出笨孩子，手快的妈妈常常养出慢孩子。这似乎是老人总结下的一条规律。

生活中这样的事例还真不少。

我们村的桂婶儿和她的女儿荷花就是这样的一对。记得小时候我与荷花姐姐一起上学，总是我去喊她、等她。她穿衣慢、吃饭慢，洗脸梳头也慢。她娘看她慢腾腾的样子，心里着急，常常预先给她盛好饭菜，摆好筷子。她也尝试自己梳头，但往往被那性急的娘夺了手里的梳子，说："瞧瞧，大日期货（本地农村的俚语，用成熟期长的庄稼比喻人的拖拉误事）！"她娘梳头像刨地，三两下就能编一条黑油油的长辫子。

我们家乡的女人以编席为业，小学生放学以后也常常帮大人们"拾边子"。我娘编得慢，就巴不得我去帮忙。桂婶儿却是我们村编得最快的，每逢荷花姐姐凑进去"拾边子"，还没编几片儿，就被她轰走了。她的口头禅是"去，去，我夹泡尿就干了你这点营生！"

上了五六年级，学校提倡勤工俭学，开始种菜养猪。老师常常让我们在星期六下午拾粪、挖蒲根（喂猪）。荷花干活最慢，六年级的同学没有人愿意跟她搭伴儿，她娘就给我些酒枣、瓜子儿等零食，说："好孩子，你荷花姐姐常常说，全村的女娃，就数和你亲。你迁就迁就她。"其实我们俩搭伴很不方便，因为我在五年级，她在六年级，最后那节课并不是同一个老师上，下课时间总不能一致。但拂不开她娘的情面，我也只得迁就。

可是久而久之，我就觉得委屈。两个人干活儿，她不仅是慢，还不懂得谦让。抬粪筐时，箩筐总是靠近我这头，还总是她在前我在后。尤其从大河滩往学校运蒲根，二十多里的路程，路上要歇好几次，她也不懂得把那捆蒲根的绳索往她那边移一移。对粪臭和湿蒲根的重量，我还不是太在意——我在家中是老大，让惯了妹妹；我计较的是回学校要过磅，然后在个人名下显示斤两。有一次我们挖下 61 斤蒲根，算是放了"卫星"。过完磅，负责登记的同学说："一个人 31 斤，另一个 30 斤算了，甭要那'点五'了。"荷花姐姐不肯把那"点五"让给我，为此，我俩就争吵起来。我觉得自己出力多，应占那"点五"的便宜（当时还委屈得痛哭流涕。我认为我在班内总不能争先进，就是受了她的拖累）。她却说她娘给过我零食吃，她就该占那"点五"的便宜。

于是，我俩就翻了脸，谁也不理谁。

后来，又是她娘出面来调停。她娘说：“你是五年级，你荷花姐姐是六年级。你名下记 30 斤也不丢面子，你荷花姐姐名下记 31 斤，在她班也算倒数的。既然你俩像亲姐妹，还能计较那半斤蒲根吗？”说着又取出炒豆子给我吃。这一回，我转过脸不接她的贿赂，决意不再和她女儿合作。为了重修旧好，她娘还端了半升炒面送给我娘。结果，我娘把我大骂一顿。我娘的理论是：“气力是奴才，走了还来；这奴才你越使唤他越勤快，你吃了什么亏？”

现在想来，荷花姐姐的慢完全是她娘“培养”出来的。其实在孩提时代，每个孩子都有自由发展的欲望和要求。喜欢自己干点不知轻重的活儿，喜欢自己解决些问题。比如大人要你穿这件衣服，你偏要穿那件。大人给你穿背带裤，你会抢过来，说“宝宝自己穿”。如果你的爸妈是急性子，他们的答复往往是“宝贝儿，快别磨蹭了，妈来帮你穿！”或者，爸爸还会这样说：“宝宝还小，等长大了再来。”孩子要求独立思考、独立解决问题的灵感火花，常常被大人的“关爱”扑灭了。他们得不到经常的尝试、实践，自然就动作慢了。这时，手脚本来就利索的爹娘马上就给孩子定位，说：“我家的孩子笨手笨脚，生性就慢。”

工作以后，我还见过这样的女孩儿。已经到了谈婚论嫁的年龄，买一丁点儿东西都不能自己做主。一群女孩子鼓励她：“你这件紫红的羽绒服真好看，再配条粉色围巾。”她会说：

“回去与我妈商量商量。”另外的女孩说：“快别买围巾了，买上一两浅红毛线，织一个衬领。”她依然会说：“看我妈同意不同意。”看来不经妈妈的许可，她就不知道自己该怎样思考行事。

后来才听人说，这姑娘的妈妈是过日子极其节俭谨细的人。假若丈夫和女儿没买价廉物美的东西，她会埋怨半天，甚至要他们退回去。她把自己买的东西的种种好处与他们买回的不好处这么对比上几次，自我怀疑的种子就在女儿心里扎下了根。待女儿不敢擅自做主了，她就满意地认为女儿乖。我们的教育传统大都是教育孩子去依赖大人、依赖权威，而不是鼓励他们相信自己的选择和判断。

事实上，父母亲这种做法的影响反映在每一个“具有依赖性”的孩子身上。孩子小时候与同辈发生冲突，大一点儿与同学或同事发生争执，几乎都要由父母亲出面干预。父母亲乐意做“仲裁人”，解了孩子的心头气，父母心中有一种捍卫者的快感。

前面提到的两个女孩，步入社会后都很艰难。前者教过书，当过借调干部、公社播音员，最后不得不一一放弃，做了家庭妇女。后者亦是三易其工作，埋怨社会不够宽容，一次次选择又放弃几乎成了她们做事的规律。

家庭教育是滴水穿石的渗透

传授知识、培养技能应该在日常生活中渗透，品德修养更是如此。生活是最好的教材，家庭是另一种意义上的课堂，为什么不在饮食起居、休假娱乐、探亲会友、旅游观光中一点一滴地渗透你的教育呢？

亲密不可“无间”

大人越不放手，孩子对母亲的依赖性就越强。这就出现了孩子心理发育的滞后，或者叫心理不完全成长。

“亲密无间”一般是形容朋友间的亲密程度的，意思是两个人好得如同一个人一般，无话不谈，没有隐私，物质上不分彼此，心理间没有距离。尘世上有没有这样的友谊呢？姑且承认其有，但孤陋寡闻的我还未见其久长的。初中毕业后曾听说比我们高一届的某女生与比我们低一届的另一女生好得形影不离。两个人经常换衣服穿，今天你穿我的上衣，明天我穿你的裤子。这样的情形大概就是“亲密无间”了吧。不料后来分道扬镳时却非常决绝。原因是其中一位长得漂亮的率先与一位军人谈起了恋爱，其间免不了鸿雁传书、情意绵绵，花前相约、柳下同行。被丢下的一位就受不了，据说她反对的程度还相当激烈，竟给那位军人寄去了匿名信，说女友的坏话。结果不仅原来的亲密无间土崩瓦解，而且还反目成仇。也许有人会说这原本就不正常，那是同性恋。

不管怎样，我认为朋友间还是应该互相尊重对方的个性，尊重对方的隐私，保持一定的距离才好。莎士比亚说得好：过甜的蜜糖会使味觉麻木，不太热烈的爱情方能持久。爱情尚且如此，友情就更不必“无间”过头了。

拐了半天弯儿，我重点来说一说亲情。亲情虽有血缘的连接，但也不能亲得无边无际。做父母的伴随孩子成长，要给他留出生存空间、自主天地，懂得得放手时且放手。

从心理学的角度讲，孩子成长的过程，就是与母亲的心理拉开距离的过程。胎儿在母亲体内时，他的感觉是和母亲一致的，他就是母亲的一部分；出生后，母子虽然在形体上已经分开，但心理上仍然紧密相连，没有母亲的呵护，孩子也活不下去。这种相互的依恋，仍是种没界限状态。一般情况下，哺乳期的母子十分享受这种没界限状态。孩子在母亲的怀抱中安逸恬适，母亲抚弄着婴儿其乐融融。生活中常常见个别母亲一直往后延长哺乳期。本来在孩子十个月时就完全可以断奶了，她非要拖到一岁半、两岁。多数原因就是母亲不愿放弃这种享受的表现。

大人在孩子身上投入的亲情越多，就越不能早日放手；大人越不放手，孩子对母亲的依赖性就越强。这就出现了孩子心理发育的滞后，或者叫心理不完全成长。在他的成长过程中形成一种与母亲一部分分开、另一部分还连在一起的情形——换种说法，他的自我与母亲之间界限不清。

这种界限不清的状况折射到他的人际关系中，具体表现为：一方面他会过多地在别人面前展露自己的内心世界，过分地渴望他人了解自己，并过度地依赖他人，希望别人代替自己做出决定；另一方面，他又会过多地想了解别人的内心世界，以便获得与别人融为一体的感觉，同时还想让别人也依赖自己，渴望参与别人很私人化的决定等。

生活中常常会发现这样的例子——我的同乡H女士，与人交往热热络络，从表面看很有吸引力，几个小时就会与人处成要好的朋友；但用不了几个月，这些朋友又会纷纷离她而去。什么原因呢？离她而去的人都说与她相处太累。比如一位朋友送了她一些爱吃的甜食，她会当着另外的朋友夸赞半天，暗示自己哪天过生日；另外的朋友在她过生日时给她送了蛋糕，她又会当着未送礼物的人夸赞说这些朋友是如何如何的好，还记挂着她的生日……这样夸来夸去，给人的感觉就是所有的人都应该关心她的喜好、记住她的生日，时不时应掀起捧敬她的热潮。如果说这类毛病朋友们还能忍受的话，最不能忍受的就是她爱把自己的好恶强加于人了。例如她买了一张床单，就建议朋友们也去买，你不买她就会不高兴；尤其在知人论事上，她对谁有意见，说某人不好，朋友们就必须听她的，也对某人冷若冰霜……长此下去，哪个人能受得了？

深究其原因，她的毛病就产生于“自我界限不清”。H女士兄妹两人，哥哥长她十二岁。她两岁时失去父亲，母亲和哥哥对她疼爱有加。直到高小毕业时，还是母亲为她洗头梳头、盛饭夹菜。她的活儿就是看小人书——因为她的哥哥参加工作早，领到工资就给她买小人书。H女士从小就会讲书，她妈妈不仅以此自豪，还招呼小朋友们去她家听故事。H女士在母亲和兄长的呵护下度过了愉快的童年，然而到谈婚论嫁时，就一再受挫——由于她看的小人书多，对浪漫的爱情美满的婚姻十分向往，所以择偶的标准很高；可是，她又是个“自我界限不清”的姑娘，一旦离开母亲、哥哥的呵护，就缺乏安全感；再加上她的母亲也横加挑剔，所以弄得她屡谈屡败，结了婚又离……

事实上，成长从来都是以丧失安全感为代价的；可安全感又是人的最基本的需求；其重要性仅次于人对食物和性的需求。所以对亲子双方来说，出于对安全感渴望的本能，甚至会发展到宁愿舍弃成长而相互也不肯撒手的程度。

所以说在亲情中多掺杂些理智并不容易。常言道：旁观者清，当局者迷。为了孩子的健康成长，我们不妨请专家来鉴定一下我们的亲情，看我们是否亲疏有度、分寸适中，千万莫使过分的关爱挤压得“幼苗”变态、变形。

附

刚刚写完上面的文章，北京电视台第八频道《心灵花园》中的“为儿申‘冤’记”又引发了诸多联想和感慨：做父母真是太难太难了！一不留神就容易走入误区，犯了错误。

通常父母可能犯的错误有两个：一是跟孩子太疏远，包括空间上的疏远或者心灵上的疏远；二是跟孩子的距离太近，给了孩子太多的关注和关爱。第一种情形，对孩子健全人格的形成、心智的良好发育没有好处，人们普遍容易关注和接受；第二种情形中，孩子常常为爱所伤的危险性却往往难以引起父母们的重视。其实，在计划生育倡导“一胎化”子女的国策下，父母把唯一的孩子看成是无价之宝，爱不释手的情形比比皆是。父母与孩子关系过度亲密，其危害程度不亚于过度疏远。过近的距离，会使双方缺乏回旋的空间，必然会扼杀孩子的独立性。换句话说，过近的距离，会使父母对孩子的爱变成对孩子的掌控。爱和控制一般成正比例地增长，爱得越多，控制得也越厉害。孩子不可避免会在这种控制中受到伤害。问题的严重性还在于好多父母不明白这一点。他们以为爱得越多，对孩子的成长越有利。殊不知受到过多关爱和控制的孩子，或者说一个被“爱”所伤的人，在将来的人际关系中也会有不适和挑剔，往往会逃避或依赖与他人的亲密关系。

我们还是来共享《心灵花园》中“为儿申‘冤’记”这则案例。上海徐女士的儿子在一所美术学校读书，在乘坐校车回家的途中，车上有同学搞了恶作剧。他们将二十瓶颜料兑入一加仑水，沿途泼洒于车窗外，使十多位行人的衣服面目全非，陷入尴尬境地。气愤的行人截住校车，受害者和校车一齐到了派出所，民警将该校学生处处长和保安处处长叫去，校方承诺一定调查清楚，妥善处理。在派出所期间，徐女士的儿子就在电话中向妈妈陈述了事情的经过。妈妈问："你丢颜料了吗？"孩子说："没有。"妈妈说："做了就承认；如果没有做，就坚决不承认。"结果在学校的调查中，却有行人、三个学生、司机都指证她的儿子泼过颜料。这孩子当然不认可，只承认说此前他曾向窗外吐过珍珠奶茶，但这次绝对没有泼过颜料。更让妈妈和儿子不能接受的是后面的处理结果。所有承认泼过颜料的学生都是罚款处分，唯独徐妈妈的儿子受到了严重警告。徐妈妈为此食欲不振，浑身乏力，血压升高，她咽不下这口气，就走上了替儿申冤的道路。

在节目现场，徐女士与儿子亲密无间的情景着实令人羡慕。儿子含着眼泪说："我妈妈为了我工作也不去做，一直奔波要讨回公道。可她身体不好，血压高，睡眠不足，体质又差，我真的为此很心酸……"当主持人问道，"你宁愿妈妈牺牲了健康，为你去讨这个公道吗？"，孩子陷入了两难。但他犹豫片刻还是说："我当初也不懂这个事情的严重性，我妈妈说会影响到我的今后。我真的很感动，照别人的妈妈也许就过去了，我妈妈就不。她时时处处为我着想，太爱我了。"我们注意到儿子在讲这一切时，徐妈妈一直在流泪。

这处分的严重后果到底有多大呢？事实是在徐妈妈与学校的一再交涉中，班主任早就告知那孩子，这严重警告的时效仅仅是三个月，在三个月内孩子再没有任何差错，处分就会被取消，并不记入档案。徐妈妈也说，当孩子听到这结果时，曾高兴得像小燕子似的飞回家，表示认可了这个结果。反而是做妈妈的不认可，说取消处分和彻底平反有性质的不同，执意要求彻底平反："在什么范围宣布处分的，就在什么范围平反，为我儿子消除影响。"然而，校方却认为既有人证指认他泼颜料，又有吐珍珠奶茶的前科，不能听他的一面之词。于是双方陷入僵局。徐家妈妈与儿子在煎熬中难以自拔，双双走进了《心灵花园》。

在这个案例中我们看徐妈妈收获了什么，她收获了儿子对他的亲情、感激和爱。通过这件事，母子间的凝聚力会更强。但是，她同样又放弃了不少东西。最可惜的就是放弃了儿子成长中的认知能力、自主权利、严以责己宽以待人和正确面对挫折的诸多人格训练。

我们通常说遇事要有正确的是非观念、明确的价值取向，敢对自己的行为负责，但这些空泛的说教根本不能融入孩子的灵魂。如今遇到了具体麻烦，这是多好的现身教育场景啊。

当然，我们怎么可以把这件事本身的恶劣程度放过去，而纠缠于自己应承担多大的过错呢？吐珍珠奶茶与泼颜料两种行为造成的伤害不同，但无视他人的尊严、损人不利己的本质并无二致。徐妈妈应教育孩子一定要为自己的行为负责。

当孩子接受了这样的处分，乐意经受三个月的考验时，徐妈妈应让孩子自己做一回主，并鼓励他在此期间关爱别人，多做好事。让他在善事善举中体验成长，体验奉献爱心的欢乐。

另外，据徐妈妈说，在别人泼颜料时，其实他的儿子在打瞌睡。那么路上的行人、车上的司机和学生怎么可以把一个打瞌睡的孩子指认为“肇事者”呢？徐妈妈一再说她的儿子很诚实，不会说谎。那么，徐妈妈就有必要了解一下孩子的人际关系了。

最后，即使我们真的很冤，也不要在亲情的作祟下把事态的严重性扩大好多倍。如果你自己有“这下可糟了，全完了”的想法，必然传染给孩子。这失败情绪一旦统摄了孩子的心灵，让他怎么面对沉重的课业负担和复杂的人际关系呢？

我曾经碰到过一位年轻人，当调他到团委工作时，领导对他说：“你好好干，那里的团委书记还空缺，三年中你干出成绩就提拔你。”于是这孩子十分努力，三年中这所学校的团委也连续被评为先进。结果，在他埋头工作时，某县委领导将自己的一名同乡安排做团委书记。于是好多人替他鸣不平，鼓动他向上级反映，要不就撂挑子。他却说：“咱怎能因为别人的一个错误决定就不工作呢？那不是自暴自弃了吗？”这年轻人不抱怨、不消沉，依然脚踏实地地干，后来被提拔到了更重要的工作岗位。

所以，我建议这位爱子心切的母亲得饶人处且饶人，得放手处且放手。十七岁的孩子，至今走不出亲情，将来会带来许多麻烦的。温柔的控制是隐形杀手，也会遏制孩子的独立性呢！

及时修复缺失的亲情

在父母的严格要求下，出息成才的孩子是不少。但你的惩戒必须让孩子感受到是为了他好。

我所认识的Y女士，与人交往热情泼辣，大大咧咧，但与大儿子、儿媳却处不到一块儿。她出远门，宁愿把钥匙留给邻居，让邻居帮忙浇花、喂猫，也不放心让儿子儿媳去。她说邻居可以选择诚实忠厚的，不会拿她家的东西；儿子却不同，他会看到什么值钱拿什么。可在外人看来，他儿子也并非见什么东西都爱的小样儿。母子间为什么会结成死结呢？

后来，我从其亲戚朋友的嘴中得知，这对母子间的亲情缺失已非一天两天的事情了。

有知情人说，Y女士性子暴躁，再加上年轻时经济条件有限，工作压力又大，就经常打骂孩子。孩子年幼时不敢反抗，结婚成家后便反过来算老账。儿子算账的方式不外乎三种：一是冷战，互相不理睬；二是金刚怒目式顶撞；三就是顺手牵羊拿家中的东西。这也算是一种因果报应吧。大人年轻时打孩子，孩子成人后反戈还击。

然而谈起这件事来，Y女士却不赞同这样的观点。她立即会举出另一个有力的例证：我家二儿子没挨过打还是没挨过骂？可孝敬呢。孩子外地工作，一周打一次电话，问寒问暖。偶尔回来，不是给家中添个电扇，就是给买个茶几。古人云：棍棒之下出孝子呢！

真所谓清官难断家务事。谁也弄不明白这对母子间的感情怎么会发展到这种地步，最初的症结到底在哪里呢？后来在一次偶然的谈话中，我了解到她的大儿子与姑姑的感情特别好，进而得知这孩子小时候是由奶奶带到三四岁才接回来的。这才明白原因就在于他们母子间的感情缺乏循序渐进的培养和护理。

亲情的建立和完善是需要一个过程的。孩子从农村奶奶的身边来到城镇父母的身边，无论是身体还是心理的适应都需要一个良性的过渡。在陌生的环境里，妈妈的概念、家的印象，对他来说都只是模糊的符号。他需要的不仅仅是富于营养的食物、漂亮的玩具，更需要爱、尊重和安全感。当然，对于第一个宝贝儿子，谁都不能否认父母的爱，但是，在具体细节上不少母亲往往忽略了亲情的断层该怎样衔接。特别是初为人母的妈妈，她们没有育儿经验。当孩子不洗手就抓了饼干去啃时，母亲说："啊呀！瞧这小土包子，多脏！"Y 女士就属于这类在卫生方面追求完美的女性。她一定会立刻拖了孩子到水龙头前狠狠冲洗，告诫孩子不洗手绝不能吃东西。可孩子不一定认为这是爱。在乡下时，奶奶从灶膛里取出黑糊糊的烤红薯，拍拍灰就塞给他吃，可以吃得两腮黑乎乎的。那种其乐融融的香甜和温馨以及奶奶那欣赏的目光对他而言都是铭心刻骨呢。在他幼小的心灵里，自己的行为不被认同，尊严的丧失，导致他缩手缩脚，没有安全感。这时，做妈妈的最好换位思考，知道孩子想要什么，耐心修复母子间初露端倪的感情破绽。然而现实中，粗心的妈妈往往反其道而行。当孩子表现出执拗和不服从时，妈妈往往会感到前所未有的挫折感，念念叨叨说乡下的婆婆把孩子惯坏了。为了迅速增加自己对孩子的控制，她常常采取生硬的态度。久而久之，失掉自信心的孩子会在这个“家”中“破罐子破摔”，甚至到别处去寻找温情。

有人会说，那二儿子为什么就能接受母亲的呵斥呢？因为他一直就在这样的环境中成长，已经习惯了母亲这种行为方式和爱的表达。饭前要洗手，进家门前要打掉身上的灰尘，进门后要换拖鞋，这些卫生准则从小就在他头脑中扎了根。

所谓棍棒之下出孝子，这话不假。在父母的严格要求下，出息成才的孩子是不少。但你的惩戒必须让孩子感受到是为了他好。比如小孩子去触摸电视插头，你情急之下打了他的手；孩子逞能爬上了危墙，你揪下他来打了他屁股……也许当时他感到委屈，一时会出现两代人的对立，即使父母没有及时修复，到孩子长大成人后也会理解你，感受到你的爱。

然而，另一种打骂则不同。当你发觉孩子的行为习惯与自己的期望大相径庭，导致你失望进而表现出强硬态度时，孩子的心中会产生“我妈妈看我什么都不顺眼，她不亲我”的感觉。再加上某天你可能因为外界遇了什么堵心的事儿，回了家没好声气，把孩子当成了出气筒，这时，孩子就难免心生怨恨。如果事后粗心的妈妈又不作任何解释，不诚恳地向孩子道歉，这种怨恨会越积越深——一般来说，在记忆的屏幕上，委屈的印痕比欢乐的印痕要深得多。北京电视台第八频道的《谁在说》节目中，曾放过一个儿子打母亲的案例，就是这种怨恨发展到极端的例证。

我们买了一件心爱之物，会小心地护理；弄坏了一件常用的器物，会马上去修复……当亲情间出现破绽时，又怎么可以听之任之呢？

一位私生女的心病历程

肝胆相照、开诚布公……能拉近亲人的距离；而遮掩和隐瞒只会滋生嫌隙和猜忌，使心和心冰凉。

北京电视台八频道《心灵花园》中一位私生女的血泪倾诉，让在场的人瞠目结舌，不知道说什么好。因为这故事的每一个波折对一个未成年人而言都是雪上加霜，难怪这位倾诉者付出了惨痛的代价。这位女士说，在十二岁之前，她的童年基本还算愉快。但在十二岁的某天深夜，一个黑乎乎的人影儿突然闯进她的房间，在她床头停留片刻，一闪身又不见了。惊魂未定，不等她哭喊出声，隔壁的房间就传来父母的打闹声。这件事后她幼小的心灵深处落下了终生难忘的阴影。她想弄明白事情的真相，又不敢问。因为她隐隐觉出这是件不光彩的事情。她的家庭情况很特殊——爸爸是海员，终年在茫茫大海上，三个月甚至半年才回一次家；妈妈独守空房，有什么女人办不了的事情，难免请某位叔叔来帮忙。懵懂的她怀疑妈妈的贞洁，又不敢往深处想。——十二岁的女孩，本该是天真无邪、无忧无虑，不用承载人世的沧桑，她却过早地遭遇了人际的复杂。这便是她多虑和敏感的开头。此后，她感觉妈妈像变了一个人，对她十分疏远和冷落。她放学回家，妈妈留给她的常常是残羹剩饭。妈妈到底去了哪里，在干什么，她无从知晓。接着，另一件令她心碎的事情发生了。她见一个同学照了相，然后配了镜框把照片挂在墙上，母女一起其乐融融地欣赏，十分羡慕。于是她也在同学的帮助下照了一张，配了镜框挂在自己的房中，期待和妈妈一起分享。不料，母亲看到她豆蔻年华的清纯亮丽不仅不为此骄傲，反而大发雷霆，摘下相框就摔到了地上。而且，父亲那一天也在场，但他阴沉着脸站在母亲的一边，眼看着伤心的女儿被破碎的玻璃割破了手指也不帮忙。这件事对她的打击是无法估量的，她的精神几近崩溃。她不明白自己做错了什么，为什么爸不疼妈不爱！她呼天抢地哭着跑到朋友家中，向同学的妈妈讲述了这一切。她说她怀疑自己不是爸妈的亲生女儿。朋友的妈妈也叹气道："我们看你的相貌既不像妈妈，也不像爸爸，私下也奇怪。但你不怀疑、不点破这题目，谁敢说？今天既然这样，你回去好好问问，让他们告诉你生身父母是谁……"于是，女孩一气之下又哭着跑回家中，跪到父母面前，祈求他们说出真相：自己是谁生的，到底从哪里来？

面对这一话题，父母讳莫如深。他俩四目相对，一言不发。

这一天，女儿是铁了心要讨出真相，长跪不起。在她的一再逼问下，母亲这才告诉她：她是从马路边捡回来的。

于是，她接受了自己是弃婴的"事实"，在没有归属感和安全感的冷漠环境中一步步长大。上学填表时，在家庭成员的栏目中，她仍然填着现在父母的姓名。在日常的意念中她也常常告诉自己要知道感恩，她口口声声说：若不是这二老供我吃供我穿，我就活不到今天。可是，我们从她的讲述中能够感觉到她想爱却已经丧失了爱的能力。到了谈婚论嫁的年龄，交了多位男友，都不合适。当电视台主持人要她试举一例，说明为什么不合适时，举出的事例却让人匪夷所思。她说有一位男友经常在下班时接她，送她回家。有一次两人在相约的地点错过了，男友就先到了她的家里。当她进门时，发现男友和她妈妈坐在沙发上，谈论什么。一见她，两人就赶紧拉开距离，表情极不自然。这使她疑窦丛生，于是在送那男友离开的路上，她就告诫那男友接她时要到工厂门口来等，不要单独去她家。并且坦言说她妈妈年轻时生活作风有问题。不久，两人就宣布分手。恰恰遭遇这男友也没素养，竟将她曾对他说的“心腹话”告诉了她妈妈。结果导致她的妈妈再一次爆发了雷霆之怒，诅咒她道：我让你这辈子嫁不出去。

以爱情为基础的人际关系是人世间最宝贵的关系，它能医治创伤，疗救灵魂，它是一个人在这世界上所能拥有的最大财富。遗憾的是这位可怜的女子在爱情垂手可得时，却因为爱无能而抓不住这笔财富。

好在她还有能够吃苦耐劳的倔强性格，于是又背井离乡，奔赴新加坡讨生活。当她干出了名堂，也赚了一笔钱时，家中却来了电话，先是因为她姥姥去世，要她回来奔丧；后是父亲年老体衰，要她尽孝。可是，当她买了新房，提出要与二老一起居住时，她的母亲却断然拒绝。老两口一致认为女儿良心是好的，只是脾性不好，他们受不了她的坏脾气。

最后的结局是什么呢？直到她的父亲八十多岁，眼看自己行将就木时，才把女儿的真实身世告诉她。原来她竟然是她父亲的私生女。父亲在海上工作时，曾救了一位落水女子。这女子夫妻分离，自己带着两个小女艰难度日，一时想不开便要结束生命。被救后这女子感恩戴德，常向他父亲表示谢意。一来二去，两人便有了私情。生身母亲将她生在医院后，悄然离去。是她父亲得讯后，才将她抱了回来……

父亲在交代了这一真相后，如释重负，不久就离开了人世。他的遗愿是希望女儿能早日结婚成家。然而，得到真相的女儿却感到不能承受，大悲大恸，很多天一个人躲在家中以泪洗面。不工作、不交友、不思茶饭，处于精神崩溃的边缘。如今，已过四十的她依然是孑然一身，心病重重。不能提旧事，一提起就声泪俱下，痛不能言。主持人问：“你不是想知道真相吗？为什么父亲告诉你后你的反应又是那么强烈？”

这位女士哭诉道：“为什么他们当初要瞒着我？既然告诉我是从路边捡来的，何不一瞒到底？他到临死不想带着遗憾离开人世，说了真相得到解脱，就不考虑我是什么感觉？我的亲生父亲竟是这么自私啊！”

如果我们不从根子上去剖析，我们会得出这样的结论：这女人不懂得爱，不懂得宽容和体谅，她是个得理不饶人的难缠的人。但是，这样的结论对她有失公平，从心理学的角度讲也不科学。我们从她的成长信息中可以看出，在她人格形成的关键时期，她与生父、养母貌合神离。心理距离的疏远比空间距离的疏远还要糟糕，它对孩子的伤害是难以估计的。对他的父亲来说，他可能觉得讲出女儿出生的真相就是暴露了自己的劣迹，或者从爱女儿的角度讲，怕女儿不能承受；从她养母的角度讲，很可能是怕说出真相后暴露了自己是局外人，孩子会与自己生分。殊不知这样的遮和瞒更让孩子的心与他们离得遥远。因为孩子对这样的隐瞒不可能作出清晰的理性判断，但她会在日常生活里有所感受，父母的遮遮掩掩的不正常状态，使本该是她最信任、最值得依赖、最需要的亲人却不值得信任，不能够依赖，似乎她没有亲人。这种被“抛弃”的感觉会深深地根植于心中，使她不相信任何的亲密关系。这种心理伤害残留到她的成年，导致她有可能和某人发展亲密关系时，内心害怕被抛弃的恐惧感会被激活，促使她逃避这种关系。

也许有人会说：“唉，她的出生本身就是个错误。错误的行为结出的果子必然是苦果！”

这种推论完全是世俗观念！

我曾经交了位年轻的女友，她既勤快又阳光，保险业务做得很出色，收入颇丰。当我得知她和丈夫为父亲送终后还把母亲接到自己家中时，夸她俩是孝女孝婿。她却乐哈哈地对我说："哎，您不知道，我和父母的关系就如同《红灯记》中的李铁梅一家，不是血亲胜似血亲哩！"这智慧的女生将她家的收养关系平添了崇高的色彩，谁还会深究她的生身父母是哪一个，她的出身是否光彩呢？

返回我们前面所讲的案例，其实就她的生父和养母来说，在两个关键环节上都闪耀着人性的光辉。一是她父亲的义举：当绝望女子跳入海中时，他义无反顾去营救，而且施救成功，这是有胆有识的表现，有什么不敢说出口呢？即便是后面的错误，那也是阅历丰富的人生必不可少的部分。如果我们不聪明地利用我们的错误，在严格的要求下，出息成才的孩子可能不少。但你的惩戒如果不能让孩子感受到是为了他好，很可能他就不能掌握属于自己的明天了。第二则是当她的父亲抱回这女婴时，她的养母的接纳和宽容。有了这两个闪光的环节，我们在讲述上再作些技术的处理，这一对父母完全可以在孩子某个生日之际，面对摇曳的烛光，讲出一则曲折缠绵、感天动地的童话，告诉孩子这就是她的出生之谜。

肝胆相照、开诚布公……能拉近亲人的距离；而遮掩和隐瞒只会滋生嫌隙和猜忌，使心和心冰凉。遗憾的是很多养父母与子女间捅不破这一层纸。"孩子你是爸妈抱养的，但我们十分爱你，你就是我们的一切！"这话难以启齿吗？

我想归根结底应该是我们的传统中缺乏对孩子知情权的

尊重。

我曾看到一个中国孤儿院的女孩被美国的一对白人夫妇领养。这对夫妇有自己的子女，只是因为孩子们都已长大成人，能够自食其力了，他们才又领养了这个小女孩。黑眼睛、黑头发、黄皮肤的小女孩与白皮肤、蓝眼睛、黄头发的老夫妇生活在一起，却依然活泼健康，没有任何心理障碍。看到来自祖国的同胞时，她会主动介绍自己的背景。她说她也来自中国，是美国的爸妈领养了她。当人们问她美国的爸妈爱不爱她时，她会比画着说："世界有多大，他们爱我就有多大。"自豪之情溢于言表。她说："因为我很特别。哥哥姐姐们是上帝的安排，而我是爸爸妈妈的选择。""你是爸爸妈妈的选择"这智慧的解答给了这孩子多少自信和自尊！当同胞们问她还想不想中国的小朋友时，她坦言道："想。爸妈每年都会带我去看望他们，我盼望那一天……"异域异族，语言不通，却又能相处得如此欢快和谐，可以带给我们很多思考。

鲁迅先生曾一再撰文鞭笞中国传统中的"欺瞒"手段，指出那是自欺欺人。这里，让我们再借用一次先哲的名言："救救孩子！"

开口容易叫妈难

一个人把自己未来的幸福全押在儿女身上，也不是明智之举。

“我儿子和我不亲！”“他甚至连声妈妈都不想叫，一进家门就打开电脑上网、玩游戏……”

初听这妈妈的诉说，以为她的儿子正值青春叛逆期，是一位初中生呢。耐心听下去，原来这儿子在部队服役三年，已是位转业工作的男子汉了。可是，他怎么可以这样地对待自己的母亲呢？

北京电视台第七频道的《心灵密码》以“儿子为啥不喊妈”为题播出了这期节目。电视中虽然有心理专家在不时地给这位母亲解读母子间的“密码”，但我感觉专家的心灵按摩温柔有余，力度不足。于是，这里便不避粗陋刻薄之嫌，斗胆来个牛刀小试吧。

从这位母亲的倾诉中，我们了解到她的婚姻很不幸。由于丈夫的外遇——仿佛不是一般的第三者入侵，而是乱伦，这位女士断然与他离婚。她说：“我一个人带着一双儿女生活，供他们上学读书，又当父又当母，困难重重。可是那时候从来没有失望过，因为儿女就是我的希望。只要他们争气，我的未来就会仍然充满阳光。可是，现在……”她说到此几乎近于绝望，不停地擦眼泪。

从上面的信息中我们不难得出这么几个要点：第一，这位女士是一位追求完美的坚强女性；第二，她如同押宝一样把自己未来的幸福寄托在了儿女身上；第三，她将“只要他们争气”重复了好几次，这说明儿子的现状使她失望——女儿还在上学。

那儿子目前的心理状况又是怎样呢？

他说：“我受不了她的唠叨！她带大我和妹妹不容易，我能理解。这不，我在部队本来干得好好的，有转成士官留部队的机会，她一个电话又一个电话催我回来，说是想我留在她身边，我就放弃了自己的志愿回来了。她又说我现在的工作不理想，没文凭不行，叫我考中国人民大学的成人自考专业，读本科。我知道自己没读过高中，底子薄，考试把握不大，但受不了她的唠叨，只好去报了名。可报名回来，她又一再说这可是你自愿的，不过，我估计你不行。结果，果然没考上。我觉得都是她弄得我无所适从，才落到今日这个地步……”

听到此，我们基本就明白了这对母子间的症结。首先，母亲以其半生的心血作投资把宝押在孩子身上，她认为如今已到了收获的时候，但却一无所获，所以免不了焦急抱怨。她越是焦急，越要唠叨；越是唠叨，儿子心里越是发堵。在这方面儿子也觉得很冤：本来我在部队上有熟悉的生活圈子和良好的发展空间，你非让我回来，这不都是为了孝敬你吗？可回到你身边，你又事事掌控，左右看不顺眼……但儿子从小乖顺，没有“唇枪舌战”的习惯，所以他就来个冷战，干脆寡言少语，一回家就与电脑为伴。

若要解开这症结，母亲应承担主要责任，因为病根在她这里。单亲家庭的通病是家长把自己所受的委屈和苦难强加在孩子身上，叫孩子争气，希望将来“母以子贵”。诉说自己的不幸会成为妈妈们给孩子预备的家常便饭。在初始阶段，这也许会成为孩子发奋的动力；久而久之，反而会成为孩子的压力。孩子会因为达不到妈妈所期盼的高标准而自我埋怨，甚至自暴自弃。尤其是生性要强又追求完美的妈妈，她给孩子制定的成功标尺会比一般孩子的高许多。然而，孩子在成长过程中有几个能做到完美？小时候他们会弄脏才洗的衣服，会打破器皿；青春期更会犯各种各样的错误；即使长大成人，他的能力也许还达不到母亲的标准。这时，一位过分追求完美的母亲就会把孩子的“不完美”看成是自己的不完美，随之而来的就是前所未有的挫败感。这种挫败感又会直接导致她对孩子的态度越来越生硬，以图进一步加强对子女控制的力度。然而，诸多研究证明，孩子受到过多过强的控制，他的先天的、本真的生命力就会受到压制。他可能会成为一个非常符合社会和团体要求的人，但很难成为一个自我得到充分发展的人。

上一代人在婚姻中出现了变故，把苦果强加在孩子身上很不公平。与日常的家庭环境相比，单亲家庭中的孩子已经缺失了父母之爱中的一半，他的安全感和自尊心本来就得不到保障，我们怎么可以再给其增加压力呢？据这位女士介绍，她的儿子交友不多，性格内向孤僻。这恐怕就是家庭环境造成的。一个人人格的形成，与他小时候跟父母的关系直接相关。也就是说，是父母对待孩子的方式和态度造就了孩子的人格。

一个人把自己未来的幸福全押在儿女身上，也不是明智之举。传统戏中有许多这样的楷模：寡母含辛茹苦，劝儿苦读，最后儿子金榜题名，母亲也跟着"凤冠霞帔"，扬眉吐气。但那都是封建社会，妇女没有任何社会地位。她的荣耀、她的发挥天地只能附着在丈夫、儿子身上。如今是什么时代？一个人把自己的未来都押在儿女身上，她就不自觉地削弱了自己的社会角色，由社会人变成了家庭人。社会圈子越小，眼界越窄，心胸也会越狭隘。如果与亲戚朋友再疏于联系，那一双目光就会只盯着孩子了。在这样的监控下，孩子能受得了吗？再说，母亲和孩子都是独立的生存个体，孩子长大成人后，我们应该尊重他的人权，维护他的自尊、自信和选择。他热爱什么，对什么不感兴趣；他想选择什么职业，不想从事什么职业，决定权都在于他自己。父母可以提出不同的见解或者合理化建议，但不可硬性掌控。

其实，一个女人拉扯大两个孩子，是件很不简单的事情。

儿子又很争气，参军受了特殊训练，转业后有份稳定的工作，衣食无忧能够自立。按说当妈妈的应该很有成就感才对。我们不妨换一个角度，用欣赏的语气说："儿子，你干得不错，得到部队首长的认可不容易呢！"这样的表扬或许会比"你能不能为妈争口气"对儿子鼓舞更大——任何人都有被人认可和嘉许的需求。这种需求得到满足，他前进的动力会更大。

什么是幸福？幸福完全是一种自我感觉。一个拾荒的女人看到一堆废铁后的幸福不亚于一个百万富婆得到价值连城的珠宝。如果我们不苛求孩子现在的工作状况、工资收入，母子其乐融融地商讨一下在现有基础上如何提高一步，又怎么会有这么大的心理落差呢？所以说，所谓的感觉遭受了巨大的挫败，是不是自己的期望值太高，自己的愿望挫败了自己呢？

最后想奉劝这位女士的是一定要"让唠叨刹车"。难道没听说过"婆婆嘴碎，媳妇耳顽"的古训吗？年轻人最烦的就是大人的唠叨。你越唠叨他躲得你越远。也许你会说：我这是关心他、爱护他啊。其实不然，我们在唠叨中往往掺杂了大量的焦躁和不安。关心和爱护是一种情感状态，孩子们容易领受；焦躁和不安是宣泄状态，任何局内人听了都会逃之夭夭。他越不听，你越唠叨，久而久之就会由量的积累引起质的变化，使两代人间的心理距离越来越远，最终导致情感上不能接纳。也许，这正是儿子为啥不喊妈的原因。

从电视节目中看，任主持人怎么鼓动，那儿子都"难以启齿”，未曾当众喊出一声妈。这实在叫人遗憾。但从另一个角度讲，说明这孩子是实在人，他的亲情表达不存在作秀成分。我们相信：血肉相连，任何心结都会在爱河中融化。时间是疗治心灵挫伤的一剂良药。如果要缩短疗程，委屈妈妈首先要来改变自己……

单亲家庭的单一氛围

其实，孩子在外面广交朋友不是件坏事情。做母亲的要与他拉开距离，默默地注视其成长。

北京电视台第八频道的《情感部落格》栏目以“孩子离家出走，漂亮妈妈的困扰”为题播了一期节目，特别能引人深思。

这故事说的是一位年轻漂亮的单身母亲与其儿子轩轩之间的矛盾。轩轩今年十四岁，是初中二年级的学生。在初中一年级时，他还是班内第一、第二名的好学生，可上了初二后成绩就不断下降，如今已落到了中下游的位置。轩轩妈认为儿子出现了这种状况，主要是交了不好的朋友。轩轩则认为并非如此，他的成绩下滑主要是因为厌学，上课听不进去。当主持人问道：“您觉得您的儿子受了朋友的影响，有什么明显的例证吗？”这女子回答道：“我对儿子要求很严格。离婚十三年来之所以没有另找，主要是怕他受不好的影响。我希望他有好的学习成绩、好的生活习惯和健康的体魄，可他现在学会了抽烟。”这女士认为：孩子身边没有舅舅叔叔，她更是追求完美的女性，根本不沾烟酒的边儿，他这抽烟还不是受了朋友的影响吗？因此，这位女士与儿子冲突不断，最终甚至导致儿子离家出走……

“难道你们母子间就没有温馨的一幕吗？”主持人问。轩轩妈回忆起来，脸上露出了羞涩一笑。说儿子曾动员她找个老公。她很感动，认为这是儿子关心她。可是当主持人把她的儿子也请上场，问这儿子怎么想到让妈给他找个爸爸时，孩子竟然说：“家中有个男人，妈妈的注意力就不会全集中到我身上了；再说，至少也有个与我拉话的。”

在孩子的真情告白中，我们体会到的是一个十四岁的小男生内心的孤独。可见妈妈的想法和儿子的愿望根本不吻合。

在应试教育占主导地位的大环境下，我们设想一下轩轩的处境：学校里课堂气氛严肃紧张，对一个成绩不断下滑的孩子来说还会有诸多压力——怕提问的压力，怕下滑的压力，担心老师和同学有看法的压力等。所以，放学回到家中，他渴望的一定是解脱和轻松，而不是从学校的压抑中再回到家庭的压抑中。那么，妈妈应该给他提供什么样的家庭氛围呢？享受家长里短的温馨，感受亲情互动的氛围，打开电视看一场球赛，或者邀几位好友来家中玩……等孩子的情绪调整过来之后，再谈家庭作业的问题。

然而，在节目的情景再现中，我们感受到的却是沉闷、压抑的单调气氛。这里，我们没有任何责怪轩轩妈的意思，因为她既当妈又当爸，付出了很多，作为一位单身母亲委实不易——上了一天班后，她匆匆忙忙回到家中，很快就转换了自己的社会角色，不仅要做家务、检查儿子的作业，而且还充当体育教练的角色。为了儿子成长为完美男士，她给儿子每天都规定了“仰卧起坐”和“俯卧撑”的锻炼项目。在她的严格要求下，每周每项各增加50个。从镜头中可以看到，这孩子一次已经能做一千个俯卧撑了。

可是，当主持人问轩轩愿不愿意这么做时，孩子说不乐意。他说妈妈强迫他完成时，他便堵着气做，心中只有抱怨。可见，妈妈的完美追求，在孩子心里只是苦役和酷刑。

这就不能不叫人同情这位追求完美的女性，她辛辛苦苦所做的一切，儿子不仅不领情，反而在家庭中出现了更大的不完美：母子间对峙的格局。

唉，单亲家庭中的单一氛围，恐怕是一个的通病。

首先，失败的婚姻不可能不在离异者身上留下阴影。尤其是承受力相对薄弱的女性，她的郁闷不可能不影响到家庭气氛（特殊成功女士另当别论）。家中本来就两个成员，母亲的情绪不佳、落落寡欢，必然给孩子带来精神压抑。

其次，离异的女性获得了孩子的抚养权，大多都有想证明自己、对孩子期望值太高的毛病。特别是对儿子，她们的要求常常超过了他们实际年龄所能承受的水准。一是她们的潜意识中，有以儿子将来的成功报复前夫，印证自己正确的赌气成分；二是传统观念中“母以子贵”的功利思想还在影响着中国母亲，儿子将来的辉煌便是母亲后半生幸福的砝码；第三则是大多数母亲们未必能意识到的。在阴阳平衡、男女搭配的组合中，女方缺失了自己的另外一半儿，既不必牵挂丈夫事业的发展，也不必担心他外面有无拈花惹草，这女人便常把双倍的控制力都加到了儿子身上。假如家中还有姥姥、姨等成员，孩子的生存空间、精神压力相对还宽松些，如果只有母子两人，那孩子的感受就可想而知了。

这就是轩轩不加选择地交朋友、寻求慰藉的原因。而且一般孩子都不喜欢继父，他却动员妈妈找男人，想使自己的家庭中多个拉话的对象，这说明他内心的空虚、孤独和寂寞已到了无法忍受的程度！

其实，孩子在外面广交朋友不是件坏事情。至少，他十四岁的空虚和寂寞可以在朋友中得到宣泄。另外，在与朋友的玩耍和游戏中会使他心情开朗起来。这种效果正是心理治疗师的救治作用。至于孩子沾染了吸烟的不良习惯，我们可以就事论事，在这件事情上教育他、帮助他。这正如人的呼吸，我们需要的是氧气，但吸入的往往并非纯净氧。我们不可能因为有杂质而停止呼吸。

笔者曾接触过一位单亲家庭出身的男士，他的成长环境与轩轩几乎如出一辙。“万般皆下品，唯有读书高”是妈妈传给他的古训，不结交“狐朋狗友”是他一生的行动准则。此先生言行中规中矩，天文地理经纶满腹，不符合道德和法律的事不做，不利于身体健康的食物不吃，只要不与外人交往，他是绝对的大好人。然而，一遇到具体事情，便露出僵硬、拘泥、不知变通的本性。比如有熟人聚会，热心者邀他参加，他往往会很直白地拒绝，说自己不会抽烟喝酒，根本不考虑别人的感受。后来，别人干脆说：人家某先生喜欢清静，咱们就别干扰他了。其实，是觉得与他坐在一起很拘谨。如此因果循环，他便离人群越来越远。这便是单身母亲把儿子关在“真空地带”单兵训练的结果。

如果这种人有一技之长，又能被国家科研单位采用，他不会受外界太多的干扰，能够在孤独中整合内心的力量，也许会有所发明和创造。可是，他将自己置于一切关系之外，既不善于推销，也不屑于推销自己，又怎么会被伯乐发现呢？

由于害怕与他人在一起时产生不良情绪，从而回避一切人多的场景，这就是社交恐惧障碍。这种心理疾患大多是来自单亲家庭，因为从小就受到太多的掌控。

那么，追求完美的单亲母亲，我们是希望自己的孩子成为宽和容众、内外和谐、有朋友有交际圈子有竞争力的社会化成员呢，还是希望他成为落落寡合的孤独者呢？

第一次做妈妈难免会犯这样那样的错误。即便是父母双全的正常家庭中，也会有矛盾和冲突发生。这里有几点忠告提请轩轩妈注意：

（1）淡化你和儿子之间的矛盾，唤回亲情。

（2）调整心态，顺其自然，对孩子的期望值不可太高。

（3）向孩子示弱，坦诚地说出自己的难处，唤起孩子的男子汉意识。

（4）营造浓厚的情感氛围、文化氛围——比如母子一起看电视，交流电视节目中的内容，谈各自的想法等，使家庭中多一些温馨、欢笑，少一些肃穆、宁静。

（5）将孩子放归学校，放归社会。做母亲的要与他拉开距离，默默地注视其成长。多鼓励和表扬，指出其不足时，要像修剪树苗一样注意技巧和方法。

家庭中的帮派意识

帮派产生帮派，对立产生对立。这种情形几乎成为这类裂痕家庭的一般规律。

在旧社会的封建大家族中，长幼尊卑等级分明，很容易形成团伙帮派。新中国成立后，中国社会的家庭模式发生了很大变化，巴金笔下封建式的“家”基本不复存在。但潜藏在家庭中的帮派意识却似乎没有彻底根除。家长们在评价孩子时，常常情不自禁地流露出这种意识来：

奶奶：“这孩子，到底是我们家的骨血。这个气球就是从他姥姥家带回来的，并且悄悄告诉我，别让他舅舅的孩子看见。”这时爷爷的表现一般是欣赏地笑笑。

姥姥：“要不人说‘外孙是狗，吃了就走’呐！任你怎么亲他都不管用。”姥爷这时可能会这样反问：“你还指望他怎样孝敬你哩？”

甚至爸爸和妈妈戏逗孩子也常常这样问：“爸爸好还是妈妈好？”“长大挣了钱是给爸爸还是给妈妈？”

除了特别机灵、特别早熟的孩子会回答“都亲”、“都给”外，一般的孩子是从爸爸妈妈中选择一方。因为大人们在很随意的对话中已给了孩子这样的暗示：爸妈是相互对立的两方，奶奶家和姥姥家是两个不同的“阵营”。

如果说这种提问给孩子带来的仅仅是困惑与无所适从的话，家庭中真正意义上的帮派带给孩子的伤害则是全方位的（既有情感的伤害、心理的伤害，又有学习动力的消解）。毋庸讳言，这种伤害最严重的时代是“文化大革命”时期。那时，好多家庭中出现了“造反”和“保皇”两个派别。记得我的一位好友，她贫农出身的妈妈揭发了“历史反革命”的爸爸，当工作队的负责人要她在两方之间迅速作出抉择时，她痛苦到了极点。因为她平日是与爸爸共同语言多，感情上更亲近，而此时妈妈却做了“弄潮人”，代表了主流……

当然时代不同了，家庭帮派团伙的性质也有所改变。在商品经济大潮的冲击下，家庭成员间难以超越的是金钱的诱惑。

我熟识的一对农民夫妇，生有一儿一女。为了给孩子们赚一笔教育经费，夫妇双双进城打工，把一双儿女留给了家中老人。不料，试工半年之后，女方被留了下来，做了长期工，男方却被解聘，回家继续种地。久而久之，夫妻间的差异就越来越大。种田的丈夫土头土脑，越来越木讷寡言，城里的妻子却文了眉、染了发，越来越时尚光鲜。两人由差异产生嫌隙，又由嫌隙使矛盾激化。起初是那爸爸对渐渐懂事的女儿说：“你妈妈的钱来路不明！”那妈妈也对儿子说：“俺娃长大别像他，三棍子打不出个响屁来！”后来夫妻频频吵架，家庭中就出现了两个对立的阵营。

按孩子们的称谓来划分：

第一个团伙：奶奶、爸爸、姑姑、叔叔。

第二个团伙：姥姥、姥爷、妈妈、舅舅。

两个团伙基本处于冷战状态，不直接对话，但却心照不宣，动不动就向孩子们放冷枪，彼此攻击。

女孩儿大些了，懂得爱美了。听说妈妈回了姥姥家，就欢欢喜喜跑了去，向妈妈要钱，想买副耳钉。姥姥冷不丁说："不会问你老子要去？衔上冰块化不出水的东西（骂那老子没出息）。"

妈妈给女孩买了耳钉，女孩戴了起来，由不住想照镜子，被奶奶发现，就没好气地说："上学的女娃打扮得这么油光鲜亮干什么？知道你那'浪'妈就不会教好！"

学校让交班费，孩子们回家问爸爸和奶奶要钱。

爸爸说："去城里找你妈妈要！问问她打工到底是给你们挣培养费呢，还是给你舅舅赚娶媳妇的钱？"

奶奶附和说："她既能买得起耳钉，自然也能交得起班费！"

姑姑也插嘴说："瞧瞧你妈穿得跟贵夫人似的，你们却像小叫花子！去城里现现眼，叫人们认识认识她是个什么东西！"

对两个帮派的失望和反抗使姐弟间增强了凝聚力，两个小人儿又组成了一个小小团伙。姐姐对弟弟说："与其央求他们，还不如咱自己动手呢。"她俯身到弟弟耳边说："姥姥的铺盖垛下，靠墙的死角儿就藏着钱。”于是，两人商定：姐姐望风，弟弟动手，并且拉钩订立了攻守同盟。这样，他们不仅交了班费，还有剩余。

当姥姥发现家中失窃，怀疑到姐弟俩头上时，那钱早就变成孩子们肚里的零食了。而且，两个孩子的嘴一个比一个硬：

“你放钱的时候告诉我们了？谁知道你的钱放在哪里！”

“家中的大活人有的是，为什么就怀疑我们两个！”

当然，最能作出准确判断的是奶奶这一方的人，因为他们明知道孩子需要钱，有“作案动机”。但他们却不无快意地保持着沉默。事情过后，他们甚至当着孩子们的面私下议论：“且不说娃娃们没拿他家的钱，即便拿了，也没有认错门子。她妈妈打工赚钱，曾填了她娘家多少？逢年过节，姥爷舅舅，几时给过压岁钱？”

言外之意：“拿”得有理。

姐弟俩的反应是冷漠、绝情，不买任何一方的账。奶奶的饭桌上什么好吃就只捡什么吃，早晨起床不叠被、不扫地。当爸爸强迫他俩帮奶奶干家务时，弟弟捅火炉故意荡一屋子灰，姐姐一洗碗就“失手”打盘、打碗……

帮派产生帮派，对立产生对立。这种情形几乎成为这类裂痕家庭的一般规律。

家庭教育是滴水穿石的渗透

你虽然把马儿拉到了河边，马却没有喝水的欲望。不是马的错误，是时机不对。

我们常在接水檐石上发现屋檐水竟然把岩石凿出了洞。以涓涓细流之柔弱，能克岩石之坚，正是因为水借雨势，居高而下，日积月累，不放弃地渗透。

我常常听到家长们说："我那孩子硬得像块石头，任你怎么管怎么教，人家那耳朵不办公！老师的话他还听一句半句，父母的话，全当耳旁风。"

请问，你是怎样管教你的孩子的呢？

如果孩子们正玩得高兴，你突然喊："回来，到了学功课的时候了。我来教你复习几个生字！"慑于家长的权威，他也许能离开自己的玩伴，不情愿地来到你面前。但他的兴趣却很难一下收回来，他的整个身体，包括肌肉、神经和各种腺体都会进入一个消极、抗拒的状态。这时，你教他十个字，孩子在形式上也跟着你念，但事实上却没往心里去。你苦口婆心白费半天劲儿，他可能只记住两三个。这时，你千万别骂孩子笨、记忆力差，实在是因为你的方法不对头。因为你是在"灌输"，而不是润物细无声地“渗透”。你虽然把马儿拉到了河边，马却没有喝水的欲望。不是马的错误，是时机不对。

你为什么不像滴水穿石一样，把自己的教育渗透到生活中呢？

记得在我从教期间见过这样一位同事，她教给孩子们知识常常是不经意的。一次吃中饭时，毛手毛脚的小儿子被热饭烫了手。她一边给孩子降温、包扎，一边叫女儿过来看弟弟的伤势，告诫姐弟俩以后要当心。为了让小儿子转移注意力，忘掉疼痛，她还在女儿的左手上写下个“汤”字，右手上写下个“火”字，然后把两个字组合起来，在纸上写下个“烫”字。她告诉两个孩子，汤下加了火，温度就慢慢升高，高过体温，咱们就感觉热，高到摄氏五六十度就开始烫了，八九十度就会烧坏皮肤……看孩子们来了兴致，她还取出温度计，把它插到热水碗里，让孩子们观察水银柱的上升。在这种情况下传授给孩子们的知识，可以说是刻骨铭心的，也许他们一辈子都不会忘掉。

为什么会收到这种效果呢？因为在特定的生活情境中，孩子的心灵是敞开的，求知欲望是强烈的，他们的态度是配合的、接纳的。这就是把家庭教育渗透到日常生活中的奇妙作用。

也许有人会说，我们就没有遇到过那种情境。不，每个家庭的生活都是多姿多彩、新鲜活泼的，它常常给你提供教育机遇，关键是你要有一副时刻准备着的头脑。否则，机会来了，你也会与之擦肩而过。

试问，在酷热的夏天，谁家没有用过折扇呢？我曾遇到一位数学老师，当他把一把漂亮的折扇交给刚会走路的儿子时，首先让孩子打开，合上，再打开，再合上，好体会那扇骨的旋转。然后他教给孩子数扇骨，一、二、三、四……看有几根。把扇子打到最大，告诉孩子这是半圆，两把打到最大的扇子拼起来就是个整圆了。那么，扇钮就是圆心……这样，不经意间，这把折扇便成了这位父亲的教具，孩子的脑海里便形成了数学中圆的概念。在现实生活中，几何图形俯拾皆是，大衣柜、小衣柜、窗户的一块块玻璃、墨水瓶、笔筒，等等，家长如果像这位父亲这样给予孩子渗透式的教育，他的儿子将来学习几何，肯定比没有接受过渗透教育的孩子顺利得多。可惜，我们做父母的往往放弃了这些启蒙的机会。

我还接触过一位爱好文学创作的年轻人，我发现她看书特别快，简直是一目十行，过目成诵。心中好奇，便问其原因。原来是在她小时候，父亲常带她逛街，无论是步行还是乘车，父亲总要指着街边的“邮—局”、“儿—童—公—园”、“妇—女—儿—童—用—品—商—店”教她念。日复一日，日积月累，上学前她就认识了好多字。大人越表扬，她兴致越高。后来父亲就带她到书店看书，慢慢地她就养成了阅读的习惯。而且，由于经济条件的局限，常常是只看不买，这样倒培养了她看书的速度。

传授知识、培养技能应该在日常生活中渗透，品德修养更是如此。比如你常常耳提面命，教孩子为人要宽宏大量，心态平和。他也许会点头称是，但往往是记住了皮毛，远不及生活中的具体情节使他上心。比如孩子从学校回来，向你讲述了这样一件事情：“我的同桌从来都考不过我，嘿，这一次他的数学成绩却高出我五分！”作为家长，你是什么态度呢？

“哎呀，看看你，又退步了吧！”（1）

“他是不是作弊了？照抄了旁人？”（2）

“他很努力，你要向他祝贺。争取下次能赶上他。”（3）

第一种态度是患得患失；第二种态度是怀疑猜忌；第三种才是宽厚向上的积极态度。家长的情操、理智、修养，直接影响着孩子。在一件具体事情上，你的所言所行给孩子的教育和影响，往往胜过你平日教子时的千言万语。

为什么上个世纪五六十年代成长起来的那一茬人，都有一种勤俭节约、奋发向上的精神呢？正是因为有一件千补百衲的棉袄大人穿了小人儿穿，熬到夏天一家人没法儿换季的窘况；野菜蒲根吃得老奶奶、老爷爷出现两便不通，面目浮肿的惨状；半年不见荤腥，妈妈们从油瓶里滴一滴油后，伸长了舌头舔舐的情景……这些在孩子们幼小的心灵中扎了根，才使他们发誓要改变这种生存状况。

生活是最好的教材，家庭是另一种意义上的课堂。望子成龙、盼女成凤的家长们，为什么不研究研究最朴实的教子良方，在饮食起居中，在休假娱乐中，在探亲会友中，在旅游观光中一点一滴渗透你的教育呢？

家庭暴力的隐性遗传

在这种打骂下，他养成了不犯错误，追求细节完美的性格，为的是讨父亲喜欢。

一位十九岁的少妇受不了先生的毒打，找到北京电视台第八频道的《情感部落格》寻求帮助。主持人问："你犯了什么错误他打你？"少妇回答："都是生活小事，比如我洗碗不小心把汤匙掉到地下；再比如弄丢了家门的钥匙。"主持人又问："打到什么程度？"少妇回答："除了拳打脚踢外，还用双手卡我的脖子。"说到此这女子哽咽难言，泪如泉涌。"通常情况下我不敢反抗，有一回他卡我的脖子，我说'你卡死我要负法律责任！'，他便卡得更紧，直到我喘不上气无力反抗，软成一团，他才住了手……"

看到这位又瘦又弱的少妇一边哭一边瑟瑟发抖，在场的听众都为之动容。人们都奇怪这样的婚姻已经危及性命，为什么她还要维持。

"因为每一回施暴完毕他都非常后悔，他说他一定会痛改前非。而且，我们都深爱着对方……"

"可是他至今都没有改？"主持人问道。

“是的，我来这里的目的就是想通过你们帮帮他，他也承认自己脾气不好，性子容易暴躁。”

“他今年多大？”在场的心理学家插话道。

“三十四岁。”

“他大你十一岁？”一个大妻子十多岁的成熟男子能这样地蹂躏一个柔弱女性，再一次震惊四座。

“你们是怎么认识的？他的坏脾气在婚前暴露过吗？”

“我们是通过网络认识的。婚前他呈现在我面前的形象一直是腼腆、内向、温柔体贴，直到现在，他与朋友相处也不错，我就是想不清楚他为什么要这样对待我……”

在征得这位女士同意后，主持人拨通了她先生的电话，通过电话采访了这位男士。他对打妻子的情状供认不讳，他说：“我这人吧，在生活中特别追求完美。可她像小孩一样，丢东落西，洗碗能把汤匙也掉到地上！”

“可这值得您那么动粗吗？”主持人问。

“我这人脾气不好，按捺不住自己。”那先生坦然道，“她知道我是爱她的。她心爱什么，我都舍得给她买。”

“您觉得您的毛病能改掉吗？”主持人问。

“那她丢东落西的毛病也得改呀——我当然也要努力控制自己。”

经过进一步了解男方的家庭背景后，心理专家给出这样的建议：如果男女都不想让婚姻解体，那就彼此分开一段时期。

在这一段时期中女方要调节自己的心情，摆脱暴力侵扰的阴影。男方则需要做认真的心理治疗，因为他的病症已经影响到他做一个合格的人夫、人父了。

这则家庭暴力事件，让人眼界大开，因为在日常的家庭生活中，我们只是笼统地对施暴者下这样一个结论：某人本质不错，只是性情暴躁，好动手动脚。这轻描淡写的评价就给了施暴者开脱罪责的借口：我只是控制不住，一时性起。其实我是爱你的，今后我一定改正。其结果是家庭暴力恶性循环：受害者战战兢兢，越容易出差错；施暴者习以为常，武力攻击越来越勤。有的女人会伴随着男人的打骂终其一生。

那么，这位大妻子十几岁的男士，其无法控制暴力倾向的病因在哪里呢？原来他从小就是伴随着父亲的打骂长大的。据说他的父亲好喝酒和玩牌，一旦在外面遭遇了挫折，回了家看见他不顺眼就非骂即打。在这种打骂下，他养成了不犯错误，追求细节完美的性格，为的是讨父亲喜欢。但父亲的打骂并未终止。父亲打他时，他不跑不逃。他倔倔地想：你打，任你打，我又没错！你打死自己的儿子好了！所以从外表上看来，他与父亲判若两人：内向、腼腆，学习也很勤奋。想脱离家庭环境的愿望成为他发愤图强的巨大动力。正是这股动力使他如愿以偿，有了一份较好的工作，组建了家庭。

但是，心理专家分析说：如果当日父亲打他时，他哭闹、反抗，那股怨气就能得到释放，留在他潜意识中的积淀就会少些。问题是他一点儿都没有释放。这样，往日父亲的打骂对他的影响就形成了正负双重影响。正面的影响是学习上产生了动力；负面的也是无形的影响，就是不平之气在其身上积压得太久太久，没有在沉寂中消亡，而是在条件成熟后爆发了。这种爆发会使他感觉到释放后的舒畅。

可怜他的妻子在叙述中一再地自责，她说："我也恨自己怎么笨手笨脚，不是磕碰了碗，就是丢了钥匙……"

她的自责和对他的暴力的原谅，只会助长他的坏脾气。而一般情况下，他的坏脾气又不可能在上司和同事间释放，就只有他最亲近的妻子来领受了。所以，这样的家庭暴力有其不可逆转的客观规律，那就是愈演愈烈。

让孩子为他的行为负责

良好的品德必须在家庭生活的点点滴滴中让孩子身体力行，才能融入孩子的灵魂深处。

现在年轻人的离婚率一直高居不下，这让很多人不能理解。一次偶然的机会，使我接触了一对吵架的夫妇，明白了他们争斗的缘由后，我发现从他们身上折射出的正是当代年轻人的特点：聪明、好胜、自尊心强，然而对自己的行为却缺乏责任心。这是一对生活在县城的年轻夫妇——丈夫爱交朋友，场面上风风光光；妻子勤快俭朴，特别注意家居生活的质量。按说应是不错的一对，可断不了经常吵闹。有一年临近春节的日子里，妻子一下了班就扫家洗尘，忙里忙外，丈夫却经常缺席。一天傍晚，妻子炸完豆腐和丸子，刚把油锅端在门口，丈夫醉醺醺地回来了，一只脚正好踏进油锅里，疼得嗷嗷直叫，当然酒也醒了一半儿。累了一天的妻子听到叫骂声跑了出来，见丈夫将油锅踢翻了，没好气骂道："眼瞎了往油锅里撞？两斤花生油全完了！明天我还烧肉呢……"那丈夫见妻子不是心疼他烫了脚，而是心疼她的花生油，跛着脚拿起个扫帚就扔到了妻子身上，也连声骂道："滚油锅往门口放，这不是存心整人吗！人还不如油值钱，那你和油过去……”气头儿上，他把锅连底儿翻了过来——这在我们那里是大忌讳，只有家里死了人遭了殃才会这样。于是两人的战争升级：妻子一把鼻涕一把泪地翻起老账，嫌男人对家、对自己不负责任；男人则嫌妻子对自己不够温柔体贴。彼此互不相让，吵到腊月三十，各去找各自的爸妈过年……

尤其好笑的是两家的家长，当他们找到我让我做调解人时，各自都强调的是对方没责任心。男方的父母是埋怨媳妇不该把油锅放在家门口，更不该在丈夫烫了脚后心疼油；女方的父母则把重点放在了“烫脚事件”之前，埋怨女婿把朋友弟兄看得比媳妇都亲，常常为了一场牌局或一个饭局夜不归宿，让媳妇独守空房……在平常日子里，各自的子女应该为对方和整个家庭尽什么义务和责任呢？这些问题似乎都在他们的思虑之外。

这使我联想到经常在电视上出现的少年犯罪的情形。有的少年与朋友结伙盗窃财物，有的是参与了轮奸幼女，还有的是聚众赌博、吸毒等，那家长们是怎样看待自己的子女从事这些活动的呢？多数人会这样说：受了坏朋友的勾引，让娃栽进去了。难道这看似偶然的“栽”就没有必然性吗？难道他不该为自己的行为负责吗？

社会上真应该成立一个这样的机构：让孩子从小就懂得要为自己的行为负责，并能身体力行真正做到自律自爱。

可惜没有这样的机构。那么这个任务还得回归到父母和家庭那里。

市场经济占主导地位的年代，价值体系与计划经济时代有所不同。但社会生活的相对自由、思想观念的宽松，并不等于行为上就可以放纵。有些最基本的价值观念是任何时代都共有并值得推崇、尊重和遵守的。比如诚实守信、自爱自律和责任心等。这些良好品德的养成并不能靠学校的空洞说教来完成。它既是一种观念又是一种行为准则，良好的品德必须在家庭生活的点点滴滴中让孩子身体力行，才能融入孩子的灵魂深处。

下面我们试举些小事例来说明如何培养孩子的这些美德。

一、准时和守约

我曾经当过两年小学老师、十二年中学老师，我发现即使来自同一乡村、同一街巷的孩子，他们的行为习惯也有很大的不同。比如在我教小学时，就遇到两个这样的孩子——一个姓李、一个姓王，他们两家就住在一个村巷。小李不仅能按时到校认真读书，还热心班级事务，到校后就擦黑板、抹桌子、为教工食堂担水，小大人似的很有责任心，深受老师和同学的欢迎。而姓王的同学呢，除了会吹吹口琴外，行为举止大大咧咧。最糟糕的毛病是经常迟到，这不仅耽误他自己的功课，也影响到班级的纪律。我曾让小李带话给小王的父亲，叫他管教自己的孩子，上学一定要准时。小李说他已经传达了，小王父亲也答应要严格要求儿子，但小王就是好几天歹几天，改不掉迟到的毛病。

为了弄清问题的症结，我做了次认真的家访。下面是王家父子的对话：

父亲："小三儿，我和你讲了多少次要遵守时间，你忘记了吗？第一，上课迟到会耽误自己的学习；第二，不仅影响班级纪律、扰乱别人的注意力，也会给老师同学留下不好的印象，这些道理你不懂吗？"

小王："懂啊。你给我讲过好多次了。"

父亲："那你为什么就是不改呢？"

小王："我改过，不过没有坚持下来。"

父亲："你为什么不能坚持呢？你从小就没有恒心，不准时守约，到大了谁能信任你呢？"父亲说到此有些沉不住气了，努力压抑着不发火，但声调中带了颤音。

看到父亲生气，儿子也火了。他说："你不守约，不是也过得很好吗？"

父亲吃惊道："你说什么？"

儿子道："你曾好几次答应带我去事宴上捧场，可是一次都没有兑现，那不是说话不算数吗？"

看到那父亲尴尬地停止了争论，我才慢慢从孩子母亲那里明白了事情的真相。原来这孩子的父亲吹得一手好唢呐，周边乡村里谁家有丧事都请鼓乐班子，这父亲便是其中的主角。孩子很向往父亲这角色，希望自己也能在鼓乐班子里配配口琴。父亲也曾答应过带他去，但又担心孩子对鼓乐真感了兴趣，他和妻子都不希望儿子从事这一行，所以便一再敷衍。

这便是问题的症结所在。父母们常常用自己的行动推翻了自己给孩子所讲的道理，让孩子感觉大人们说的是一套，做的是另一套。他认为父母既不可信，那又何必认真对待他们所说的话呢？

更糟糕的是，天真的孩子还会这样想：父亲对别人倒还能守信，尤其是对集体的事，对办丧事的人家的事都很认真，但对我的事、家人或不重要的人的事就不认真，这说明准时守约也要凭兴趣分档次，而不必处处时时守约了。因此这孩子对某些老师的课就能准时，对另外一些老师的课就不准时了。

所以说教育孩子准时守约，父母首先要做准时守约的榜样。如果你自己考虑到落实某一活动有困难，事先就不要承诺；一旦事先有过承诺，就要做到言必行，行必果。否则久而久之，大人的话就会成为“耳旁风”。

由于小王和小李住在同一小巷，所以我顺便到小李家看了看。当小李的母亲听到我夸她的儿子时，就自豪地夸起她的丈夫来，说：“我们家那口子，当生产队长多少年了，答应人的事就如同写了约，从没有失过信用的。”接着她就给我列举了许多的事例，说明儿子的诚信守约是来源于父亲。其中一例是与小李有关联的，特别引人深思。

说的是某个周末，小李与几位好朋友约好要帮兴旺家垒狗窝的，但家里大人们并不知道孩子们的约定。他们夫妇俩商量利用周六、周日的时间出趟远门，到县城去看小李的叔叔婶婶，住一个晚上，让两家的孩子热络热络，一起逛逛儿童公园。

恰恰在这时，同巷的小王传了话来，叫小李周末去兴旺家时带上泥刀、小铲等工具。小王走后，小李的爸爸就问："你是不是和小王、兴旺们有什么约定？"

"是啊，说好了给狗垒个窝。可我更想跟你们去县城。"小李说。

"那不行。答应了人家的事就一定要遵守约定。"孩子的父亲绝不通融。

"垒狗窝的小朋友很多，不在乎我一个人。"小李又说；

"可是，兴旺既叫小王传了话来，要你带上工具，说明他是看重你的。你想想假如你不参加，他是怎样失望和扫兴。你忘了上次你约他来咱家写作业、做游戏，他临时改变了主意，你是多么生气吗？"

看到孩子还有些犹豫，他们夫妇俩就果断作出决定：推迟一周再去县城看亲戚。小李的父亲认为，孩子违约看似事小，但一旦在这种事情上通融了他，就会有第二次、第三次的变通发生。这不仅有损诚信，助长圆滑之风，同时也有损于自爱自律和责任心等诸多美德的养成。

这件事在当时就对我触动很深，家庭真如模具，有什么样的家庭环境，就会铸造出什么样的孩子。有人说孩子是父母的翻版，李王两家的事是最好的印证。小李一家完全能以探亲为由推卸掉垒狗窝的责任，可他的父母却宁肯自己改变安排。这就难怪这孩子在同学中威信很高，大家一致推选他接任班长职务呢。一位哲人曾说过：“播下一个行动，收获一种习惯；播下一种习惯，收获一种性格；播下一种性格，收获一种命运。”一种良好习惯和高尚品德将是一个人一生受用不尽的资本。这孩子高中毕业后回村当过村支书，后来考入重点大学，又被公派出国深造，现担任学院领导。家乡父老提起他来，无不称赞其“待人宽责己严”的一贯风格。

养成推卸责任的习惯，确实可以找出若干的借口：晚间酗酒不归，可以将责任推卸给朋友；上班迟到，可以将责任推卸给堵车；参与了偷窃团伙，可以将责任归于被坏人引诱……然而推来推去，最终造成的恶果还得自己去品尝。

二、让孩子介入大人的生活

最近本城的一个故事引起了家长们的强烈反响：有说养儿不如喂狗的，有说子女是父母的天敌的，还有说如今的年轻人良心被金钱吞没的……

我觉得年轻人有过失应该批评，但家长更应该作深刻的反思。

说的是本县某运销公司的一名普通职工，平日是大家羡慕的对象。两个儿子，双双都考上了大学。之后，又双双考取了研究生。在供儿子们上大学期间，恰逢单位集资建房，老两口没有积蓄，只好投亲访友，问人挪借。朋友们看他家有后劲儿，纷纷解囊。平日他们过日子十分节俭，家里一般不烧开水，到单位的茶炉上提；给儿子们打长途电话时，也到单位去打。虽然个别同事有些微词，但想想他们的现实情况，也就原谅了。最近几年，长了工资，老两口省吃俭用不仅还清了过去的债务，手头还有了些积蓄。大儿子也毕业了，在北京找了工作。这老职工便有一种欣欣然扬眉吐气的感觉。一天在单位接到大儿子的电话，说要在北京买房子，问爸爸能拿出多少钱。这老职工一听儿子要在首都扎根儿，印堂发亮，双眼放光，激动地说："爸和你妈一直有这个心，只是怕你有压力不敢提，家里存下有五六万，再问亲戚借些，能给你凑十万！"老职工以为父母一下拿出十万，儿子会惊喜感恩，不料电话那头一声不响。老职工"喂"了半天，儿子却有气无力道："哼，十万，不够个首付！"老职工意识到儿子嫌少，就想做个解释："你弟弟研究生还没有毕业哩。你以为爸妈容易吗，你妈五十块以上的衣服不敢买，新鲜水果不敢吃。咱家盖房时，我们还到大田里挖野菜哩……"儿子不等他说完，"啪"一声挂断了电话。这老职工的兴致一下从波峰降到谷底。不胜大喜大急的突然转换，几乎晕了过去。在同事的劝解下，他才老泪纵横哭出声来，诉说了自己那几年的辛苦：为省柴炭，他到树林里拾过柴；为增加些进项，他利用年节假期替人家烧锅炉，到建筑工地当小工……

可是，当人们问起老职工他的儿子知不知道父母这么含辛茹苦的时候，他却说："那时候只怕影响他们的学业，总是说家中的事不用你们操心，只要你们能考上研究生，就是给爸妈长了脸……"

我们常常会听到这样的对话："妈妈，你怎么啦，家中有什么事吗？"当敏感的孩子发现妈妈脸上有忧愁时，便会这样问。这是孩子责任心的萌发，是关心大人的具体表现，理应受到鼓励。可父母会怎样说呢："大人的事，用不着你操心！写你的作业去！"往往把写作业、做功课和责任心的培养对立起来，这是十分错误的。久而久之，孩子的头脑中会形成这样的概念："学习功课是我的事，家里的其他事务都与我没有什么关系：我只要不惹麻烦，衣来伸手、饭来张口就可以了。"结果就培养成了冷冰冰的"考试机器"。中国的父母大多是这样。

还有一些父母头脑中残留着世俗的观念，认为自己所干的活计属于低贱的，比如：吹鼓手、摆地摊儿、收废品、卖苦力等，更是不想让孩子介入自己的生活，不想让孩子从小就体验这营生的龌龊，怕孩子脸上挂不住。其实父母对孩子的这种遮瞒，只能割断两代人间的了解，让孩子失去本来可以培养起来的责任心和改变家庭生存状态的斗志。如果孩子误了今天的作业，那是可以补起来的；如果错过了艰难困苦中的亲力亲为，丧失了培养和铸造责任感的良机，父母过后无论怎样陈述自己当初的艰难，留给他的印象都会像听故事一样肤浅；甚至当他有了逆反心理后，根本听不进去。

我在前面的故事中曾谈到吹唢呐的父亲老王，害怕儿子参加他的鼓手班子，违约不让孩子体验他的鼓手生涯，父子俩“顶牛”的事例。为了让老王兑现他的承诺，我就提示老王：你把你不同常人的辛苦展示给孩子，看他怎样理解。结果老王带孩子参加了几次出殡的事宴。鼓乐班子赴宴，必须前一天夜晚就赶到顾主那里。吹在人前，吃在人后。夜晚就宿，遇到好顾主还给腾间热家；条件差些的，办事宴自己家人亲戚都不够住，鼓乐班子的人就只能睡冷家凉地，稻草麦秸当床铺是常有的事情。那老王带儿子去过几回后，孩子过了过吹口琴的瘾，就再也不去了。他在日记中写道：“原以为爸爸吃香的喝辣的，沉醉在吹吹打打之中，非常快活。想不到他们冷家凉炕，夜晚要吹到十二点（叫呱灵）；早上五六点就起来，又得吹，陪主家哭灵；中午起灵上坟地时，更得用劲儿吹。一般情况下吹唢呐的人不敢吃饱，吃饱就中气不足，吹不动了。有一天爸爸大约是饿了，起灵前多吃了几口，吹到中途累得脸色发黄，吐了个精光。可那也得忍着难受吹……”这小王亲力亲为，体验了做鼓手的父亲的艰辛，不仅断绝了想参加鼓手班子的念想，而且更能体谅父母赚钱的艰难了，在学习功课上渐渐也有了动力。

所以说，让孩子介入你的生活，把生活的本来面目展现在他面前，共同来品尝酸甜苦辣是培养责任心的最佳途径。一旦缺了这些环节，等孩子长大成人后再忆苦思甜，那就不必期望会有多大的效果了。

三、为什么有人眼里没“活儿”

一位年轻的妻子曾向我抱怨她的丈夫，她出差前洗了几件衣服晾晒在阳台上，等她走了二十天回来，那衣服仍然在阳台上搭着。但洗得干干净净的衣服却“面目全非”，上面落满了灰尘。当她责问丈夫为什么不收回时，他却振振有词道：“你走前又没嘱咐我收那些衣服！”这男人除了做他的本职工作还能尽职外，在家庭生活中眼里根本没“活儿”：妻子拖地，拖把上的布条散了，他熟视无睹；炒锅把手的螺扣松了，没有感觉；甚至在他倒水时，暖瓶软塞上的铝帽儿脱落，他亦是随手敷衍要上去了事，压根儿没有用钳子夹紧的意识……

是的，现实生活中确实有这种人存在。眼里没活儿的男生如果再配上眼里没活儿的女生，这个家庭的杂乱和邋遢就可想而知了。我所在的教工家属院中就有这样的人家。他们家的器物上总是沾满了污垢，窗台上积满了尘土；甚至于连饭也常不能正点吃完，孩子们进教室时气喘吁吁，腮边还挂着饭粒。他们家的饭桌上总是满满当当，常常残留着上一顿的土豆皮、葱蒜皮，或者酱汤剩菜干枯在内的脏碗。在下一次做饭时，为了腾挪个地方，才会想起该认真清洗。因此，这一次收拾前几次的残局，下一次收拾这一次的餐具就形成了规律。而且，时间对于他们还总是不够用，什么时候都显得手忙脚乱。一旦误了事，夫妇俩就免不了抱怨吵闹。

经过长期交往和了解，我发现其实这类眼里没活儿的人人品并不坏。他们眼里没活儿只是因为他们的视觉超越了家庭杂务，缺乏这种敏感，并非要滑偷懒。如果是领导布置的任务或是家中要来稀客，他们一般都能认真地检查一番，尽心竭力地准备，维护住自己的脸面。

可是，一旦三分钟热度过去，他们立即又进入平日的常态了。

为什么会这样呢？

这些人大都成长于经济状况比较优越的家庭，或者是在价值观念里把做家务视为家庭主妇、保姆的事情。在他们小时候，家长就设置了诸多障碍，人为地削弱了他们在这方面的敏感和能力。比如当女孩子要帮助妈妈收拾桌子时，妈妈会夺过碗盘说：“宝贝儿，小心把盘子跌碎！”孩子尝试着洗抹布时，妈妈又会说：“乖宝儿，你还小，看弄脏你的衣服！”而男孩子要干这些活儿时，大人们更是会说：“乖宝宝哎，那是你大老爷们干的吗？快看书去！”殊不知这种关爱却是爱的束缚、成长的障碍。孩子的主动性和责任心也像花朵，在它们想绽放的一刻，家长就应支持和鼓励，让它们充分地成长和绽放；否则，你不是说他小、没能力，就是说怕他磕着碰着，挫伤他的积极性，消解他的责任心，一旦人为地错过了他学本领的最佳阶段，到他长大成人后再指责他笨手笨脚，眼里没活儿，基本就不用指望他改变了。

还有一种行动敏捷、干活儿利落的母亲，也就是所谓的急性子，言语里则常带出“啊呀呀，慢慢腾腾，属乌龟的吗？”“瞧瞧你，又把衣服穿反了”之类的谴责；或者是当孩子扫地不小心打了个花瓶时，她会说：“罢罢罢，干一个活儿就得讨两个元宝的债！这些营生我夹泡尿就干了！”如此等等的冷嘲热讽，无不向孩子显示了他是多么的慢、多么的笨、多么的无能。再加上这一类妈妈们自己雷厉风行，不论干什么都风卷残云，常常嫌孩子碍手碍脚，不经意间自己就代劳了一切。久而久之，孩子就失去追求、尝试的自觉性，把自己的注意力集中到了个人感兴趣的事情上去了。我的一位极要好的女友就是从这样的家庭中成长起来的。他的母亲手一份儿、嘴一份儿，是出了名的能干女人。可她眼里就是没活儿，不仅是看不见家务活儿，就连自己的袜子上打了洞、鞋帮子上开了口子，她都熟视无睹，照穿不误。如果你说她手笨、懒，也不客观，她剪起双喜字、画起窗花来，既有热情又有耐心，是这方面的行家里手。每到过年过节时，村里乡亲们都托她剪喜字、画窗花儿。

其实，责任心也往往是来之于自信心。为什么我的女友给别人画起窗花来一丝不苟，非常认真呢？就是因为她在其他家务方面毫无自信，恰恰在这方面找回了自信和自尊，因而她就把更多的注意力、更多的兴趣集中到这里。每一个做父母的都要仔细思考和研究，明白你在培养孩子的过程中存在什么偏颇。孩子本来就是孩子，缓慢、笨拙，是他们的本色。要知道孩子的自信程度是在他们的行为过程中一天天成长起来的。如果孩子缺乏对自己能力的认同和对自己价值的信任那么他所表现出的就是磨磨蹭蹭、效率低下、缺乏主动性。孩子是不会通过积极的自我发动来参与和学习什么的。

找对象的年龄时，我这位女友的母亲又显示了她的精明。她到处托人说亲，彰显女儿善剪会画，而隐瞒了其弱点。结婚很顺利，找了光荣的人民子弟兵。婆家以为娶回了心灵手巧的媳妇，不料过起日子来蜗牛般地磨蹭，眼里没有家务活儿。丈夫先在部队，常听爹娘埋怨，还以为是婆媳间存在嫌隙。后来转业回到家乡，才发现这媳妇不是一般的不善持家，而是邋遢到极点，最终选择了离婚。我的女友在第一次婚姻中“现了原形”后，择偶十分艰难，详情不忍细诉。

让孩子为他的行为负责，并不是替代孩子的不规范行为、笨拙举动，由大人来代劳。替孩子穿衣，为孩子洗涮，有的家长还到学校替孩子值日，让孩子处于不作为状态，这种关爱等于温柔的阉割，釜底抽薪般扼杀了孩子参与的热情、学习的自信和奉献的责任心。

四、赏罚不明的后果

在市场买菜，发现一位母亲带着一个漂亮的小女孩，当人们夸奖那女孩崭新的花裙子时，母女俩脸上都绽放出花儿般的笑容。一会儿，听见那母亲发出尖厉的呵责声，原来是女孩蹭脏了新裙子。这母亲便骂她“笨猪猡”、“天生的拾荒妞儿”！还泄愤似的拍打着女孩裙子上的污垢。女孩受不了母亲的重手重脚，索性哇一声大哭起来；并且将屁股一撅，做出要坐在地下耍赖的样子。那母亲见状，便着了急，忙赔着笑脸说：“别，别！妈妈给你买草莓吃。”一会儿就见那小女孩手捧着草莓，脸上露出了胜利的微笑……

看了这母女俩的一系列表演，我简直不知道那妈妈导演了些什么。如果是提供反面教材倒还有些意义，如果是这样管教孩子，那后果真不堪设想。当孩子的新衣服保持得光鲜、整洁时，她不及时地表扬，以提升女儿在这方面的注意力和自觉性，而是母女俩盲目自得，陶醉在众人的夸赞里；当女儿不小心蹭脏衣服时，她又不分青红皂白地责骂，而且也不顾是什么场合，不管女儿是什么感受；当女儿要坐到地下撒泼耍赖时，她反倒给以奖赏，给草莓吃。对这妈妈的做法该说什么好呢？如果不能用她自己的话“笨猪猡”来评价，就只有“大错特错”这四个字了。

在孩子表现好的时候不给予及时的鼓励和赞扬，当她耍赖撒泼时却得到奖赏，这会在她的心理上形成极坏的暗示：她不会认为乖巧努力时有甜头吃，反而认为只要自己撒娇反抗时就会有好果子降临。而且，得逞的小孩会与父母继续玩“我要什么什么”的游戏。我们常常在集市上看到有小孩缠着妈妈买这买那，不满足他就在地下打滚的情形，那就说明他有过无理抗争而大获全胜的先例。如果这母亲满足他两次到三次，小霸王、小公主的坏脾性就会在头脑中扎根。与此同时，母亲的尊严也会慢慢丧失殆尽。

有的妈妈说：我爱我的孩子，我愿为他付出一切——包括自己的尊严。然而，一种不良习惯像无形的绳索，往往捆绑一个人一辈子，你忍心让自己的孩子这样吗？

五、发生过失，别找借口来说事儿

星期天在一家小粮店买粮食，店主在隔壁房间内结账，便指派他的儿子来接待我。这孩子十二三岁的模样，动作麻利，算账快捷。一边为我称这称那，一边还应付着后面进来的顾客；不时地问一问他爸“红小豆多少钱”、“沁州黄小米多少钱”。看他能独当一面，我情不自禁夸了他几句。然而，就在我们交接的过程中，装绿豆的塑料袋滑落，绿豆从袋口溅出来，滚了一地。

我忙俯身收拾着地下的残局，对后面的顾客连连说对不起。内心亦希望那孩子和他的父亲对我的窘境表示些同情，或者停下手中的活儿来帮助我查看一下塑料袋是否彻底损坏。不料那父子俩却只是为自己辩护，推脱责任。

“这事情真是！我离开一会儿就出问题！是你没递好还是这阿姨没抓牢呢？”那父亲探出头来问。

“我没递好？那小米不是我递的吗，怎么就没掉包儿？”儿子立即反驳，仍然在干他的活儿。

“没关系，是我没抓牢！”我说。

直到我收拾完毕，离开那店铺，还听得那父子一唱一和对后面的顾客道：“星期天人多，实在是忙不过来啊。”“大家要小心，接好自己的东西，别像刚才那位，弄得双方都说不清！”

当我听到后面这几句冠冕堂皇的话语时，我的愤怒如快速发酵一般放大了千百倍。我发誓再不到这家店里去买东西。我既没说是那孩子的错，也没要那孩子承认这是他的错，我们不过是在交接时两只手岔了道而已，怎么叫“说不清”呢？

这“说不清”才是明白无误的推卸责任、调侃对方啊。听得出这父子俩很以他们的能言善辩而自得，但顾客们没有一人应声。

同样是买卖中发生的问题，另一件事情却叫人心悦诚服。

有一次我先生从某超市购物回来，欢天喜地对外孙说买回了他们爱吃的五香牛肉。中午要摆上餐桌时划开了包装袋，却发现里面竟是带骨的鸡肉。我先生吃惊道：“怎么会这样呢？”我说：“就要吃午饭了，咱不生气。就当咱买的是鸡肉吧。”彻底打开包装，又滚出个鸡头来，这下子激怒了我先生。他说这超市怎么能开这样的玩笑，我找他们去。说着便把东西装入包装袋，提了就走。看他生气的样子，我也紧跟了一起去。找到柜台前，售货员也觉理亏，但仍不免要推托：有说这怪厂家搞错了的，有说超市东西是自选的……

经理闻声赶来，把我们请到他的办公室，查看了那袋鸡头充牛肉的食品，静听了我们购买的经过，并没有进一步要我们出示购货小票就连连说："对不起。给你们造成不愉快和麻烦。"经理还说此前也发生过此类事情，他们已反映到生产厂家，不料同样的问题再次发生，他们也有漏检的责任。接着问我们有什么要求。

我们的恼火已完全熄灭。我们说：这种货物不能摆上货架，并且要给我们调换品质有保证的食品。

经理亲自为我们调换了名牌食品，并给我们支付了往返的打车费用。

我从这件事情中悟出，因甲方的过失而伤害到乙方，乙方所需要的其实很简单，一是真诚，二是行动。

人们为什么首先想到的就是为自己推卸责任呢？这是本能，是人类最原始、最基本的防卫机能。但如果让孩子形成推卸责任的习惯，精通了开脱之道，那他几乎就再没有获取发展和更大成功的可能了。

我的一位朋友在某编辑部担任副主编的职务，他年近退休，几次推荐手下的一位编辑接替他的工作，但主管就是不同意。在他再三追问下，那主管才道出自己的顾虑。他说：我有几次发现那年轻人校对不够专心，还推卸责任，否认有错误的稿件是经他校对过的。这么一点儿责任都不敢承担的人，你还能指望他担当更大的责任吗？

我们常常发现个别能言善辩的饱学之士，在一个不太重要的闲职上一呆就是半辈子。他们每每抱怨自己怀才不遇，时运不佳；但除了客观因素外，是不是也有他们自己的因素呢？

凝聚产生力量

家庭的凝聚力能超越血缘、超越时代，把苦日子过甜。家庭的凝聚力能转化为巨大的推动力，使孩子们展翅翱翔。

熟悉老李两兄弟过去的人，都为他们的今天而高兴。大老李的两个儿子一个毕业于清华大学，现在某重点大学做教师；另一个毕业于师范院校，奋斗到美国银行做投资分析人。这孩子的爱人更出色，在著名的贝尔实验室从事研究工作。二老李只有一子，医科大学毕业后在某市心血管内科做主治医师，深得患者好评。

人们都奇怪：二李兄弟与世无争，为人老实厚道，本色到极点，想不到却培养出这么杰出的人才。他们教子的秘诀在哪里呢？

孩子们的成功，来自锲而不舍的坚忍和毅力。这锲而不舍的坚忍和毅力又来自家庭的凝聚力和他们对家庭的责任心。

这个家庭的构成非常特殊。大老李和他的弟弟、妹妹在求学期间，父亲突然去世，不久母亲也随之病故。当时，大老李正读师专，因学习成绩优秀，曾有上大学的机会。家庭的变故使他毅然放弃了这个机会，选择了当小学教师。他想：长兄若父，自己必须担起供养弟弟、妹妹的职责。

这样，大老李的婚配就成了大问题了。谁愿意跟一个有拖累的小学教师呢？在一位知情人的介绍下，一位比大老李拖累更大的女人做了他的妻子。她有过婚史，带有一女，而她本人又是一对老夫妇的养女。养父母无依无靠，因此她和大老李讲定：他们必须得为养父母养老送终。

这样，这个家庭的模式就掺杂了太多的非血缘成分。按说，稍有磕碰，就会产生嫌隙，甚至造成分崩离析的局面。

令人震撼的是，这个杂姓糅合成的一家，惜情如金，视肩上的责任如泰山般沉重。从未做过父亲的大老李，视继女为己出。妻子又怀孕以后，他每晚都是拍着女儿熟睡后，才开始备课。更可贵的是，当妻子的养母生病住院时，妻子因家中有小儿女不能亲自去陪侍，大老李就承担了陪侍的任务。白天，送药递水，洗洗涮涮；夜晚，就和衣贴墙躺在病房外的走廊过道里。岳母出院回家时，患者白了胖了，大老李却瘦了一圈，胡子拉碴。

在家里，大老李的妻子更是长嫂若母，小儿女希望改善伙食，必须得等叔叔、姑姑节假日归来。

这些生活中不虚夸、不张扬的一举一动，对弟、妹、儿、女都是无声的教诲。久而久之，孩子们懂得美食、华衣应该先让给更需要它们的亲人，从奉献亲情中享受甘甜。

几年后，弟弟和妹妹相继由师范毕业，各自都有了工作，并成家立业。这时，大老李的岳父、岳母也相继辞世……

大老李的四口之家在相对宽松的情况下，又添了二儿子。然而，二老李家遭到不幸的消息却频频传来。原来，二老李的妻子在生了儿子后因出血过多去世了。二老李顾了工作、顾了孩子，就顾不了自己，托人蒸上几锅窝头，冻在外面，每天啃冷窝头吃。

这时，那嫂嫂就含着泪对大老李说："快去把那苦命的侄儿抱来吧，有这个娃一口奶吃，就有那个娃一口奶吃。"

于是，大李二李两家人又合成了一家。嫂嫂不仅仅是两个奶头上各拽着一个孩子，而且连二老李父子的衣食穿戴一并承揽了起来。

后来，老李兄弟都调到外乡教书，女人一手拖着四个孩子。这个女人文化水平不高，并不懂得怎样重视孩子们的功课学业。但是她知恩图报、勇担道义的人性光辉却无时不照耀着孩子们。当长女认为妈妈分配不公，觉得自己受了委屈时，她就语重心长地给长女讲她们母女当时的艰难处境，讲她们是怎样老的老、小的小，衣食无以为继，是怎样被现在的爸爸接纳，从而组建成祥和欢乐的一家。在三个男孩儿间发生争执时，她总是让两个哥哥要懂得怜惜没妈妈的苦弟弟。晚上，在煤油灯下，那妈妈还一边做针线活儿，一边给孩子们讲他们的爸爸如何在十八九岁就承担了养家的重任、如何自己节衣缩食供养弟弟、妹妹完成了学业……

这样，他们的家世就成了妈妈的活教材，也成了孩子们团结向上的动力。而妈妈那悲天悯人的情怀又无时无刻不在感染着他们。

“文化大革命”的风暴袭来，这场浩劫给予这个家庭的打击几乎是致命的。大老李和二老李兢兢业业地教书育人，却因受父辈的牵连，先后被解职回家。两个大男人丢掉了养家糊口的饭碗，大老李说他当时背着铺盖卷儿站在街门口徘徊，觉得无颜面对家中苦心操持的女人。

在这节骨眼儿上，又是女人给了他们安慰。她说：“普天下当农民的人有多少，人家能活咱就不能活？一家人齐心协力，没有过不去的火焰山！”

这时大些的孩子已上了初中，回到家免不了要讲学校的“造反”和“革命”。妈妈就背过男人开导孩子们：“你们的爸爸和叔叔就是被造反派赶回来的，但你们都知道他们是好人。老师们难免有说错话的时候，可说错话的人难道就是坏人？咱家的孩子可不兴划清界限呀、举拳头斗人呀那一套。你们回了家老说这些，你们的爸爸和叔叔会难过呢。”

为了安慰两位失意的亲人，孩子们回了家就故意问他们些书本上的问题。

正是在“文化大革命”的高潮中，在全国卷入不要学术权威、不要文化知识的非常时期，两位老李在他们的家庭中营造了一种宽松积极的学习氛围。大老李教语文，二老李教数学，使孩子们在文化知识的领域里饱尝了另一种甘甜。所以，当恢复高考制度后，他们家的孩子能捷足先登，顺利考上大学。

家庭的凝聚力能超越血缘、超越时代，把苦日子过甜。家庭的凝聚力能转化为巨大的推动力，使孩子们展翅翱翔。

一个家庭的兴奋点

女孩的光彩如果没有事业的附丽，当她被叫做“女人”时，便会黯然失色。

长女赴美留学之前，时间紧迫，与女婿领了结婚证，确定了夫妻名分，接着就负笈远行，家中根本没操办什么婚宴。儿子紧步大姐后尘，也是出国前夕才告知我们他与女朋友已经确定了关系，也是急急忙忙把未婚妻请来，照了个结婚照，然后就天各一方了。如今，两对年轻人都已相聚在美国，夫妻们亦相知相爱、互帮互助、志同道合，没感觉有什么缺憾。只是常有亲友们议论：你们家三个孩子，那两对都没有操办，待到二女儿结婚时，可得热闹一下了。更有贴心的至亲告诉我说：你们两口子常参加别人的婚宴，也没少搭出礼去，该借此机会往回收一收了。

我们俩私下商议：叫亲朋好友一起聚一聚也好，既增进友谊，又加强感情。要不显得咱们家冷门冷户，与世俗格格不入。可是，事情还八字没见一撇，两人一讨论起买多少请柬，在哪个饭店办这些琐事，心里就烦。电话中问及外地读书的二女儿、二女婿（女在广州暨南大学读研究生，男在北京中科院读研究生），两个年轻人也是含含糊糊，没个准信儿。放假的日期也不能确定，这个说学校可能是腊月二十二放假，那个说中科院可能是腊月二十六。终身大事，难道不能向老师请请假？女儿说原本想借寒假整理资料，为毕业论文打基础呢，为个结婚去请假很不值。女婿也说他的毕业论文已开了头，本来已进入状态，放下来不好。孩子们的不配合也让人心烦。

我曾见不少女孩子为了在喜宴上赢得喝彩，置办婚纱、头饰、鞋袜、手套等，哪一个细节也马虎不得。为的是在亲友面前展示自己的青春亮丽，在闪光灯下留下幸福的一瞬，使之成为永恒。可是，这一切没有引起我家女儿的兴奋。后来，还是我先生拍板定案，他说："既然孩子们不感兴趣，咱俩也一提这事就烦，为什么非从众不可呢？"

结果是我们的二女婿到广州走了一趟，与二女儿照了婚纱照，在学校附近的一家小饭店与同学们小聚一顿，就算完成了仪式——当然结婚证是早领了的。这天，室友搬了出去，那间宿舍就变成了这一对新人的洞房了。整整一个寒假，两个年轻人都没有耽误学业。后来，二女儿的文章在《中华医学杂志》发表，二女婿的毕业论文获得导师好评并荣获刘永龄奖。

孩子们学业上的长进带给我们的喜悦，远比大办婚宴收些礼钱带给我们的实惠使人兴奋。

我先生为此发表了一番评论。他说："各家有各家的兴奋点，咱家的兴奋点不在呼朋唤友、大宴宾客上……"

是的，想当年我和先生结婚也没怎样操办，只是国庆节时学校集体婚礼中极为普通的一对。记得作为新娘的我，尽管没有换新衣服，当时的自我感觉却非常好。

事实上，女孩的光彩如果没有事业的附丽，当她被叫做“女人”时，便会黯然失色。

那么我家的兴奋点在哪里呢？我喜欢写小说、散文，生活中每当发现了好素材，我就情不自禁地讲给家人听。初稿完成后，也常让我先生和孩子们传阅。他们总愿意七嘴八舌给我提建议，我也常常采用。一旦这篇文章在省级或国家级刊物发表，全家人都为此高兴。我先生是高中数学教师，常常送毕业班，并辅导学生参加数学竞赛，他的学生每取得好成绩，也便要在孩子面前乐呵上一番。此外，他还经常参与编写教学资料，或写点关于数学教学的专题文章。不论我们俩谁得了稿费，都要买好书或好吃的犒劳孩子们。一家人聚在饭桌旁，吃着“稿费”，谈论着与发表文章相关的话题，大人小孩都非常兴奋。

各家的兴奋点反映了这家人的价值取向。因为家长对读书、教学和写作感兴趣，耳濡目染，孩子们便也对这些发生了兴趣，与此无关的其他事情就觉得不重要了。

我家曾在崞阳小镇住过十几年，那里每年从农历六月十三（传说是关云长磨刀日）开始过十天庙会。购物、看戏、待客，小镇热闹得翻天覆地。我们只领着孩子体验过一两次庙会的氛围，一般则是“结庐在人境，而无车马喧”。后来家搬到原平县城，这里是每年从农历七月二十开始过十天物资交流会，除了唱戏，还有歌舞团、马戏团的演出。我们依然是领略过一两次，就不感兴趣了，嫌闹得慌。孩子们宁愿在家里看课外书、温习功课，或者一家人去游泳、到树林里采蘑菇。

当然，并不是说我家的兴奋点就是唯一正确的模式；我们这样做也有显而易见的弊端：小儿子书呆子气太重，人际交往能力差；钻研学业多，记忆力强，动手能力则相对弱些。

与此相反，曾经与他同桌的一位同学，不爱死学功课，可动手能力强。这孩子在他妈妈洗衣服时，侧耳一听，听出洗衣机声音不对，就说：“妈妈，洗衣机有了毛病。”接着让妈妈停机，很快就找到问题所在。他拿出工具鼓捣一会儿，洗衣机就运转正常了。此外，他还经常修理坏掉的石英钟、马蹄表，只要有说明书，甚至连冰箱、电视机出了毛病，也敢过问。一个没有跨出中学校门的学生，做到这一步真让人刮目相看。

我曾以这孩子为榜样，教训过我的儿子。我说；“你看你同桌，人家学了就能应用，动手能力多强！哪儿像你，满腹经纶，百无一用！”同样，因为这孩子考试成绩总不及我的儿子，他妈妈也以我的儿子为榜样训斥过他。

自从我先生抛出“各家有各家的兴奋点”的说法，我发觉我和那孩子的妈妈都错了。孩子们各有所长，各有所短，这很正常。纵然其短处很突出，责任也往往不在他们。

我和孩子同桌的家长交往多了，发现他们家过日子非常精细，在家居生活中总能少花钱办大事，还能适应时尚潮流。他们家订的杂志也与此相关，比如“家电维修”、“怎样布置居室”等。他妈妈喜欢用碎布片儿砌成拼图，或用绒线织成沙发垫儿、椅垫儿等，既花不了多少钱，又美观漂亮。他爸爸更是旧货翻新、废物利用的行家里手。他们家的工具箱、旧货箱分门别类，钳子、扳手、螺丝起子，应有尽有。平日收集下的螺钉、螺母、弹簧、各种废旧锁钥、钟表零件，井井有条，手到拈来。在家属院里，他家的街门最先换了暗锁，屋顶最先架起电视天线，洗衣机最先换成双筒……因为懂行，常常能买回质优价廉的二手货，一经自己整修，便得心应手。爸爸修理什么时，孩子常在旁边打下手。爸爸鼓捣一番后，罢工的马蹄表发出有节奏的响声，生锈的弹簧锁突然打开……这一切都给父子们带来了说不出的愉悦和兴奋。这时，骄傲的父亲必然要讲出其中的原理和自己的绝招，久而久之，孩子的兴趣便越来越浓厚了。

孩子的兴趣在修理小机械构件、家用电器，兴趣在具体操作，别人就没有必要强他所难，非要他花费大量时间去钻研参考书上的数理化难题。

要接受自己的孩子，尊重自己的孩子，而不要拿别人的强项来刺激他，给他增加自卑感。因为他是你的孩子，他的弱点正如优点一样，往往是家庭带给他的。

常言道："条条大道通罗马。"学好文化课考大学是成才之道，但并非唯一的成才之路。我的一位初中同学的孩子去体校学了摔跤，还有一位朋友的孩子去从事专业攀岩运动，现在都已经是本行的佼佼者。关键是他们爱好这一行。

常常有这样的父母，自己在麻将牌桌上、扑克摊子里玩得兴高采烈，孩子过来喊肚子饿，他们便头也不抬说："作业完成了没有？"当听到孩子说"没有"时，便气愤地埋怨："就顾玩，玩起来就不饿了？去，去，去写完作业再说吃饭！"

这不公平。做家长的兴奋点在玩上，怎么能苛求孩子的兴奋点在学习上呢？

亲情的连通和互动

要让孩子明白：亲情、孝道不是空话，而要付诸行动。接受别人的关爱是享受，给予别人关爱是更大的享受。

20 世纪末的某个农历闰月年，母亲念叨说："五年六月七日八时，老人们活到七十几岁就一天和一天不一样，活到八十就一时和一时不一样了。"她历数我们村新近去世的人，说闰月年购置寿器于长辈晚辈都吉利。我一听便明白，母亲这是提醒我该给她安顿"后事"了。问询了几处卖板材的，不是木质不好，就是材料潮湿。一拖再拖，直到学生放了寒假，才在几位朋友的引荐下买到一副比较满意的柏木寿器。

给母亲往农村送这寿器，我首先想到的是租车。可是与几位卡车司机一讨价，都说已到腊月年关，谁也不愿沾染这"白茬儿"的东西，说除非出大价钱，才能避免晦气。我问高价多少，他们不约而同地说："至少一千！"三十里路一千块钱，简直是天价。这分明是借当地人的迷信观念，敲竹杠嘛。可是，眼看逼到年底，再不能往后推，怎么办呢？那几天我脑袋里一直在琢磨这个难题（本地人确有迷信观念，这样的事情找关系托人都难以启齿）。

一天，看到儿子脚踩沙发、手托小板凳做凌空的俯卧撑，胳膊上的肌肉随着动作滚动着。我突然心生灵感：何不把我的难题放到饭桌上，与儿子讨论一番呢？

我说："这几天妈妈遇到一个难题。"

儿子问："什么难题？"正在吉林大学读三年级的他摆出一副满不在乎的样子。

于是我就详细叙述了这件事的前前后后。

不料儿子当即就摩拳擦掌说："咳，这有什么，借个板车，我去送！"

我压抑不住内心的欣喜，反问道："你行吗？那可是一寸厚的板子哩。"别看他 19 岁的毛头小伙子，一身力气，可从来没有干过这拉车的重体力活儿。

儿子说："我不会捆绑，请我姨夫帮帮忙。"

事实上，只要我们相信孩子，他们就会想出好主意。我的妹夫真是干这个的行家里手呢。不过，我嘱咐他："以你为主，你姨夫只是帮你，他心脏不太好。"

结果，儿子在姨夫的帮助下圆满完成了这桩差事。

当我的老母亲看到汗水淋漓的外孙在姨夫的陪同下给她拉回她未来的"家"时，喜不自禁。急忙跑到供销社为外孙和二女婿买了"避邪"的红背心，回了家就给包饺子。姥姥对外孙说：这比给了她多少钱都高兴，比给她吃多少美味都高兴。外孙给送回来，比儿女送回来还高兴。儿子也很兴奋，因为从手生到手熟，他不仅掌握了驾车技术，而且还几经颠簸，经历了翻车的危险，最终终于完成任务。他觉得这种付出、这种亲情的享受比单一的接受长辈的赠与更心安心顺，更暖意交融，其乐无穷。

这件事对孩子的教育很深。使他明白亲情、孝道不是空话，而要付诸行动。接受别人的关爱是享受，给予别人关爱是更大的享受。对亲你爱你的人，你应常常了解他们想要什么，希望你怎样去做，从而达到亲情的连通和互动。

就这一件事，儿子在姥姥家村里赢得了极好的口碑。当我再一次回村看望老母亲时，村里人对我说："哎呀，大学生穿着平底布鞋，汗水淋淋拉着平车，没有一点儿书生架子，你是怎样教育的呢？"

我忙把这话传给儿子，告诉儿子，妈妈听到这话真比自己得了重奖都高兴。

要忍心把自己的为难事告诉孩子，征求孩子的主意；要舍得使用孩子，鼓励孩子干他没有干过的事情。在具体事情中提升孩子对家人、朋友的热忱，磨炼其毅力，比家长的苦口婆心、千言万语更有效，这就是此事给我的启示。

在与同龄人交谈时，常常听到对当代年轻人的微词，说他们缺乏孝心，对家人责任感不强等等，仿佛是现代化、快节奏的生活冲淡了传统的孝敬长辈的美德，割断了亲情。其实不然，往往是家长们在现代化、快节奏的生活中，忙忙碌碌，忘记了为孩子们设置亲情互动的情境。比如：自己的老母亲来到你家里，是让姥姥帮孩子洗衣服呢，还是让孩子给姥姥洗衣服；吃饭时是让姥姥给孩子端碗夹菜呢，还是让孩子给姥姥端碗夹菜……这些日常小事不可轻视，它们都是教育孩子奉献爱心的“课堂”，实习尽孝尽责的良机。因为一般情况下，总是长辈为晚辈操劳的多、服务的多。我们如果再忽视这些环节，而祖父母辈为“隔代人”劳碌又乐在其中，这样很容易让孩子形成思维定式：大人为我所做的一切都是合情合理的，只想到承受亲情和抚爱，而忘记了付出。

从20世纪80年代改革开放日渐深入，我的兄弟姐妹们亦顺应潮流，从教的从教，经商的经商。家里只有老母亲一人待着。每逢过春节时，我家的二女儿和妹妹的二女儿就结伴回村陪姥姥过年。孩子们为此付出很多：不能和城里的同学、朋友们借假日之机聚会；看电视，信号效果不好；村里的卫生状况跟城里没法比……但她们都默默忍受了。因为她们懂得，要尽孝心，就得作出一定的牺牲。有时，不能逾越的“代沟”也使老少两代发生争执。比如我母亲是从旧社会遵从旧传统走过来的，习惯在腊月里蒸年货，无非是花馍馍、豆馅包子、豆渣窝窝等。孩子们却不习惯反反复复吃剩饭。矛盾汇集到我这里怎么办呢？那就只有搭桥铺路，做沟通的工作了。明知老母亲的做法背时，也不能支持孩子们的嬉笑嘲讽，而是规劝她们亲人间要注重理解，宽容和忍耐也是亲情的一部分，也是传统美德的内涵。对亲人的缺陷你都不能宽容和忍耐，到社会上又怎么与人相处呢？

我的二女儿在与人交往、孝敬长辈方面常令人感动。每一次从农村接来姥姥，她都要劝姥姥去洗澡，为姥姥搓背、搓脚。姥姥表示不安时，她总是说："我小时候您为我洗过多少次啊。这是换工嘛！"有时，我实在不过意，就与她抢着做，她就推开我说："妈呀，我是学医的，对姥姥都做不到，对病人又怎样呢？"

我为孩子们感到自豪。我相信不怕脏和累的品格、对亲人的关爱和责任一旦在他们的心里扎了根，便会让他们受益终生。

看谁先点燃蜡烛

家庭的智力气氛对孩子的发展具有重大的意义。孩子的记忆、爱好和智力走向，在很大程度上取决于家庭集体的智力兴趣。

一家人正在看电视，父母子女其乐融融。正当情节发展到高潮的时候，突然断了电。在一片漆黑中，孩子们的反应必然是发牢骚、埋怨。这时的父母会怎么样呢？多数情形是“别动，妈妈去点蜡烛”。勤快的母亲会率先起身。在孩子们失意的时候，母亲奉献的往往是不假思索的爱心。

有一次我遇到了这样的情形，突然心生灵感，采用了别样的方式。

我以愉快的口吻说：“孩儿们，看看你们三个谁先给爸妈带来光明。”

三个孩子应声而起。老大摸索着走出客厅，首先到厨房日常放烛台和火柴盒的地方摸索。“哎呀，这盒火柴空了。”她的尖叫声刚刚落定，二女儿已从橱柜里摸出没有用过的整包的火柴和整条的新蜡烛，急忙点了起来。与此同时，儿子打着了厨房的煤气灶，点燃了烛台。顷刻，几个房间烛光摇曳，大放光明。

这时，他们早忘了突然停电带来的不快。老二和老三争着说自己是“光明使者”，应得头彩。

此事看似不值一提，实际有智力活动在里面。老大动脑子少，凭经验办事，只想到必然，忽略了偶然，欲速不达。老二的思维就比老大具有综合性。因为橱柜的一角通常是放整包蜡烛和整包火柴的老地方。这两样东西出现二缺一的可能较少。老三的思维则更具有创造性。他跳出了点蜡烛必然用火柴的框框，超乎常规，直接把蜡烛与煤气联系起来。科学家的发明创造不也往往产生于丰富的联想吗?

家居生活中蕴涵着哲理，自然界更是如此。宇宙万物，各具机理。螳螂捕蝉，黄雀在后；枣树多的地方蝎子多，蝎子多的地方壁虎多；蟪蛄不知春秋，微不可言，但如果成群结队钻入牛耳，足可以让牛耳致残……如果在生活中、郊游中能借景喻理，举一反三，把大自然中的奥妙揭示给孩子，正好可与老师在课堂上传授的知识相辅相成，起到温故知新、触类旁通的效果。

人人都懂得家庭是孩子的第一课堂，父母是孩子的第一任老师。尤其是在社会文明日渐提高、科学技术突飞猛进的今天，不少经济条件优越的家庭，请家教、买电脑、买钢琴，力求给孩子创造一流的学习环境，然而却往往忽略了日常生活中的智力开发。

这件事对我的启示是孩子们能干的事，大人们不要包办代替。生活小事中的哲理之深，让他们自己去体会。孰是孰非、孰优孰劣应由孩子们自己去评述。大人们说尽了也就索然寡味了。所以说，鲜活的生活永远胜过干瘪的说教。

父母之爱要有理性的光辉附丽，否则就成了溺爱。再多的玩具、再大的投入，如果不注意营造开发智力的氛围，只能是见物不见人，培养出什么都玩腻了的目空一切的小皇帝。

家庭的智力气氛对于孩子的发展具有重大的意义。孩子的记忆、爱好和智力走向，在很大程度上取决于家庭集体的智力兴趣。父母津津乐道些什么、想些什么、干些什么、思维方式怎样、看什么书，都必然给孩子留下终生的影响。

国人喜爱的杰出小品演员赵本山，诙谐幽默，吹拉弹唱样样精通，正源于他从小扎根于乐天豁达的东北民众中，生活在姐姐、哥哥和盲人叔叔所营造的浓厚的艺术氛围中。

不要让沟通陷入僵局

日常生活中，父母应该给孩子营造民主宽松、温馨和谐的家庭氛围，将两代人间的交流和沟通化为生活的一部分。正确的人生态度、价值体系一旦在孩子的头脑中扎了根，这种牢固的凝聚力就必将在他们的为人处事中发挥作用。

“陪读潮”中的一对母子

家长与孩子，不要互为精神上的附庸。各自多一些独立意识，多看重一些个人价值，或许会杜绝这种糟糕状况的发生。

近年来，我所居住的某重点中学家属区，出租房屋成风，一时间房价大有一路飙升之势。原因是房客多，房子少。房客都是本校学生的家长，以高三学生与高考落榜后来复读的学生（俗称高四生）家长最多，他们是来陪读的。据说，有的家长在孩子上初中时就在学校附近租赁房屋，开始了陪读生涯。他们认为：一、因为孩子生活自理能力差，如果不陪，怕孩子衣食不适（尽管学校可为学生提供食宿），健康受影响。二、因为青春期自制能力差，如果不陪，可能会出现行为的失控，怕他们误入歧途，走向极端。三、可以随时督促孩子的学习，成绩落下了，就及时请老师补课。

去年夏天高考过后，我的近邻就接受了这样一对母子。那母亲大约是听了邻居们的介绍，知道我的三个孩子都是研究生，并且都出了国。一次，她在小巷里截住我，问我该怎样教育孩子，神情十分恳切。因为是街头巷尾的路遇，一时说不明什么，我也就支吾过去了。不过，我知道了她的儿子是复读生。她只有这么一个孩子，把全部心血都倾注到儿子身上了。

后来，大约是儿子的功课吃了紧，她也便跟着吃了紧。常常能望见她搬运蜂窝煤、买菜、倒垃圾的忙碌身影。

今年夏天高考过后，突然看到几个大汉开着卡车来搬运这对母子的行李。小巷里围观者甚众。我便问邻居：“那孩子考上了？”答案却颇叫人揪心：“考完最后一门，就再没有回家，失踪了。”

“那妈妈呢？”

“妈妈不见孩子回来，便也没了踪影。”

“那搬行李的是她什么人？”

“孩子的舅舅。”

在人们的一片议论声中，我才知道这位陪读的母亲经济十分拮据。原来，她的丈夫包了“二奶”，甩掉了她们母子俩。她便省吃俭用，含辛茹苦，把全部希望都寄托在了儿子身上。她认为儿子能否考上大学，不仅关系着儿子的前程，也关系着她的后半生。她将自己的人生目标与儿子上大学紧紧地捆绑在了一起。孩子若考取了大学，她就可以名正言顺地问那负心汉索要供养费。而且，就如同旧戏文中所唱的一样：子贵母荣。这也就等于替她伸张了正义、昭雪了冤屈。

在这所重点高中的家属院里，教工子弟们考上重点大学的比比皆是。这么高的升学率给这位母亲在认识上又形成了误区，她满以为能进入这所重点高中补习，就等于一只脚已迈入了大学的门槛。因此，她便常给孩子加油，要孩子发愤、坚忍、咬紧牙关。

至于孩子在遭受了父母离异的打击后，心头有什么阴影，她却一无所知。

“肯定是那孩子没考好，觉得愧对母亲，离家出走了。”

“那女人或许是到五台山当了尼姑——她好像有过这种念头。”

这都是人们的推测，到底这母子怎么样了，谁也说不准确。不过，儿子与母亲再难以直面人生、高考的结果使母子的人生轨迹出现“短路”，这却是千真万确的。

这种现象颇具中国特色。我们的传统就是这样：前 30 年，看父敬子；后 30 年，看子敬父。父、母、子、女的追求目标、人格尊严、个人恩怨、人生价值紧紧地捆绑在一起，一损俱损，一荣俱荣。假如那母亲对儿子说：“孩子你长大了，该自立了。妈妈想自谋生路，或去嫁人。”那很可能会是另一种结果。

今天，由成千上万的望子成龙的家长组成的陪读大军，其声势越来越浩大。这其中有富裕的有闲阶层，亦有变卖了家业的孤注一掷者；有从一个城市到另一个城市陪读的，也有从城市到农村或从农村到城市的；有单亲陪读的，也有父母放弃职业双双陪读的……

殊不知这样一路“陪”下去，看上去孩子在父母的监督下完成了老师传授的课业，其实是剥夺了他们自己实践的机会，只会使他们的自理能力、自制能力、应对突发事件的能力和心理承受能力弱化。

家长与孩子，不要互为精神上的附庸。各自多一些独立意识，多看重一些个人价值，或许会杜绝这种糟糕状况的发生。

一记耳光的启示

家长们应该抓住这契机，表扬我皮实，鼓励我灵活地面对生活才对。然而当时没有人过问我愿意怎样，没有人关心我的感受。

小时候，爹被关了禁闭，娘常常带着妹妹在姥姥家住。一次，爷爷送我到姥姥家村外，目送我进入村口，就返了回去（我们那儿的村俗：公公一般是不进儿媳妇娘家村的）。

我刚刚拐进一条南北向的街巷，从一个黑漆大门里蹦出个半大小子来，挡住了去路。我往东，他张了两臂往东；我往西，他张了两臂往西。

他说："留下买路钱！"

我吓蒙了，战战兢兢地摇了摇头。

他又说："有炒豆子吗？"

我依然摇了摇头。

他把袖口往上一捋，说："那我就送你个'匕斗'吧！"接着便在我脸上脆脆地扇了个耳光。

我哭了，捂着热辣辣的腮帮子拔腿就跑，泪蛋子洒了一路。但是，兜里上下跳动的琉璃蛋儿不久就止住了我的眼泪。

我想：幸亏他没有索要琉璃蛋儿，这可是爷爷给我买的心爱之物，幸亏他没有搜身……想着这许多“幸亏”，我就不再难受了。

到了姥姥家，一家人追问我眼睛红肿的原因。我不会撒谎，只好把挨耳光的实况原原本本交代出来。母亲还好，说记取这个教训，以后绕另一个村口就是了。小舅舅和姨表姐却死活不依，说匕斗是轻易挨的吗？非要拖我去那黑漆大门家，让我再还那小子一个耳光不可——这比绑我上杀场还可怕呢。我当时就后悔没把那心爱的琉璃蛋儿送给那小子，换下这大人们不能忍受的匕斗。

成年之后，讲起这件事，好多人都说那耳光是我进入社会的第一张门票，因为我的社会经历和体验就从这里开始。经历就是知识。家长们应该抓住这契机，表扬我皮实，鼓励我灵活地面对生活才对。然而当时没有人过问我愿意怎样，没有人关心我的感受。

小舅舅和姨表姐叫上他们的弟兄们，如同押解犯人一般，簇拥着我到那黑漆大门口，喊出那比我高一头的小子，就教唆我上、打。他们说只要他敢还手，他们就一齐上。然而我却如同临刑似的，吓得筛糠一般哆嗦，早就软成了一团。气得小舅舅和姨表姐大失斗志，返回的路上一叠连声骂我没出息，活该受欺负。

这件事搞得我挺糊涂：遇到这类事到底是给人些物件免受

皮肉之苦好，还是受点儿苦保全了心爱之物好；是讨要尊严以牙还牙大打出手好，还是息事宁人宽容忍让好？

我们的家长们往往无视孩子的心理需要，他们的虚荣和家族的体面比什么都重要。

关爱的“捷径”

当家长的为什么不让孩子自己谋求解决问题的办法，而要采取以上压下的途径呢？

我的学生向我讲述了这样一件事：她女儿考取了县重点高中的重点班。这是一所吃住都在校的“全封闭式”学校。一个月之后，女儿回了家，父母自然关切地问女儿入学后的情形。女儿生气地说：“课外活动时间，我喜欢到操场参加田径运动。活动完返回教室，好几次都碰到几个男生在我课桌上玩扑克，特讨厌。”父母诧异地问：“重点班的学生竟然在教室里打扑克？”女儿说：“大概是特殊生吧。”父母一听这几个顽皮学生有些来头，更是着急。

我这个学生在县“五大班子”里也有些头衔。时隔不久，可巧与这所重点高中的校长在一起开会，她就赶紧讲了这件事情。校长非常重视，回去把班主任召到自己办公室，严肃批评了一顿。班主任更是生气，火速到教室查明那几个在教室打扑克的学生，然后在全班狠批一顿。不过，班主任对学生通过家长告“御状”似乎有些看法，批评完之后又以宽松的口气加了个尾声。他说：本来是小事一桩，在本班范围内就可以解决，不料，有的同学却惊动了校长。咱这班想进的人太多，已经超过了班容量，谁觉得在本班有些委屈，可以走人。

我学生的女儿心头一惊，马上就感觉班主任和同学看自己的目光有些异样。好不容易挨到下课，就急忙跑到公用电话机前给妈妈打电话，问是不是她告了状。

尽管我那学生为了安慰女儿的惶恐情绪，矢口否认是她告了状，但女儿以后再回家时，就缄口不提在校的情况了。不论问什么，她都说“还行”。

我的学生向校长反映这些，原本是想走最快捷的途径，帮助女儿排忧解难。不料倒增加了女儿的心理负担，反而堵死了她与父母交流的途径。

向我讲这些时，我的学生有些困惑。她说：“班主任老师怎么能这样讲话呢？”

真逗，事情往往是无独有偶。

听她讲述时，我脑中就映出了20世纪70年代初我当班主任时遭遇的一位家长。

那时这所学校还未搬迁，在一个乡镇上，我在校内代语文课，兼一个班的班主任。班内分来个李姓女生，身材高挑，举止不凡。同学们刚刚认识，就不由要让她几分。分了座位，进入正常教学秩序没几天，校长就把我叫去，说李姓女生的母亲说，这孩子耳朵有点儿背风，最好让她坐到前排。于是我把她调到了第一排。后来，过了大约十多天，校长又把我叫去，有些不满地质问：“说让你把她调到第一排嘛，她妈今天又来与我絮叨半天。”我听了以后，有些纳闷，当即返回教室查看，那学生又坐到了最后一排。我板了面孔，命令那女生立即坐到前面来。后来，竟然出现了这样的情形：上我的课时，她就坐到第一排，上别的课时，就千方百计坐到了后面。

经过一番调查，我才知道她家的背景确实不一般，爸爸在单位是领导干部，妈妈是小学校长，当时可算是红色革命家庭。父母自视甚高，对女儿的期望值也很高，因为女儿有点公主式的淘气，妈妈不放心，常抽空儿到教室外偷偷察看。

可是，最终那女孩亦不能安安稳稳坐到第一排，因为她认为老师伙同家长在出她的洋相，突出她是“羊群里的骆驼”，突出她的生理缺陷。坐第一排是她妈妈的意愿，坐最后一排则是她自己的意愿。至今想来，我都很惭愧自己没有尊重学生的选择，而是服从了校长的命令；没有考虑孩子心里的感受，而只是侧重考虑了她的生理缺陷。

说实话，我当时也很反感她妈妈动不动找校长的做法。这本来只是小事一桩，我完全可以与孩子协商解决。当家长的为什么不让孩子自己谋求解决问题的办法，而要采取以上压下的途径呢?

俏妈妈与丑孩子

纠缠自己过去失败的经历不但于事无补，而且可能使你因情绪不佳再招致新的失误。

曾见过这样一位俏妈妈，每有过去的同学或者朋友去她家时，她都要指着自己的女儿这样介绍："丑小鸭。个子像了我，脸盘却像了她爸爸，只选欠缺处像！"好像孩子像了他们的短处是孩子的错。原来她一直以自己个子矮而犯心病，就找了位个子高、长相却不怎么英俊的丈夫，为的就是生个个高貌美的孩子。不料，上帝偏偏跟她开玩笑，与她对着干。

这样，她的心病就更重了。

孩子从幼儿园回来，对她说"六一"儿童节时要表演节目，老师让愿意参加的报名。孩子想参加，就报了名。她就忧心忡忡地对孩子说："一旦没有选中你，你也不要伤心。咱将来不指望靠表演谋饭吃。"孩子说："没关系。会选中的。"她说："妈妈是说'一旦'，因为俺娃个子低，脸盘儿又不俊。"

在她这种消极情绪的影响下，孩子在练习表演动作时，必然不如在家长鼓励之下激情高涨，果然落选了。于是"我个子低"、"我不如人"的自卑感就在孩子心灵深处扎了根。

但是，孩子爱美的天性是与生俱来的。在“六一”的那天，不上台的孩子都要求老师给涂涂脸蛋儿。老师给小朋友都化了妆。孩子带着脸上的油彩兴冲冲回了家，那妈妈又大惊小怪地说：“啊呀呀，怎么涂成了大花脸，简直是越描越黑！”

领着孩子到商店去买衣服，她也要多方挑剔，不是说孩子脸色黑不配穿暗颜色的衣服，就是说孩子个子小，总得穿比她实际年龄小几岁的衣服……时间长了，在孩子的心灵深处就形成这样的判断：我不配做演员，我不能登台亮相；我不配化妆，我不配穿漂亮的衣服，因为我丑，我矮。

这位妈妈自己年轻时脸盘儿俊，期望高，结果因为个子矮，相亲时受过挫折。在她的潜意识里总也摆脱不了过去的阴影，所以用过去的不幸折磨自己成了她的日常功课。

她不明白，那潜在的失败的恐惧盘踞在自己的幻觉中，死死地纠缠着自己，具体表现出的却是替孩子的将来担忧：“将来嫁不出去，可怎么办呢？”

久而久之，孩子受到压抑和打击，就丧失了自信，变得脾气怪异、自暴自弃，性格落落寡合，没有任何朋友，甚至躲着不肯见人，因为她认为没有哪个人会同一个相貌丑陋的人建立真正的友谊。更糟糕的是，她听不进老师的话，总是以尖刻、防范的态度使人们疏远她。

纠缠自己过去的失败经历不但于事无补，而且可能使你因情绪不佳再招致新的失误。你有一回两回的失意，并不等于你将是永久的失败者。

虽然相貌会遗传，但是失败的经历并不会遗传。

事实上，正是因为该妈妈的心态不好，才使她的眼睛改变了色调、出了毛病。普天之下，没有不可爱的孩子！

可悲的是她不设法让丑小鸭变成白天鹅，而是不遗余力地将自己的心病塞给了孩子。

与孩子交友难在哪里

孩子们最担心的是由于他们的错误而少了父母的爱和信任。所以要注意鼓励和培养他们主动承担责任的好习惯。

想想我们成年人的朋友关系有什么特点：首先是志趣相投，其次是平等和坦诚。只有具备这三个要素，两人才能在纷繁复杂的人际关系中凝结友谊，彼此交心，无所不谈，互为精神与情感的慰藉和支撑。

与孩子相处，要让他与父母交心，无所不谈，也必须具备以上特点。按说父母对子女的关怀和呵护、血缘之亲爱，那是人世上所有情感无可企及的。可问题也恰恰出现在这里，泯灭了童心的成年人很难体察孩子的意愿和心态。比如几个顽童正用尿泥做泥塑，你做个城堡，我做个小鸟儿，正在兴致勃勃之际，父母们突然发现后，必然是惊诧地评头论足。有的是谴责他们弄脏了才洗的衣服，有的是耻笑他们用尿和泥……这种形式上的关心，仅仅是成年人对自我心理和观念的关爱，而剥夺的正是孩子心智发展的机会和创造才能的展示。这就是志趣不投、以大压小、不尊重孩子的典型例证。

生活中这种事例比比皆是。比如一岁左右，正是孩子对大千世界无比好奇、观察力敏锐的时期，可我常常在附近的公园发现，有的孩子刚从树下拾起一片树叶，不等他搞清楚叶柄、叶脉、叶片的关系就被妈妈劈手夺去，并且一边给孩子擦手一边道："脏！脏！"好像孩子犯了什么严重错误。还有的孩子是挣脱妈妈的手，对一群蚂蚁感了兴趣。这时那妈妈完全可以蹲下身来，对孩子讲解带翅的蚂蚁是蚁王、白色的像米粒的是蚁卵，成群结队的蚂蚁要搬家说明地下潮湿，天要下雨等自然常识，可大多数会显出不耐烦的样子，拖了孩子去玩木马或蹦床。如果孩子不走，她们会抱怨："怎么你这么犟！""这孩子越来越不听话！"须知这"犟"和"不听话"正是孩子维护自尊、想按自己的意愿成长的标志。如果父母一而再再而三地剥夺了孩子的权利，让他变得顺从、服帖，不按自己的意愿来成长，就变成了父母的"乖乖宝"。可是，当某一天这些家长们发现孩子对周围事情没有热情，反应不太灵敏，动手能力也差，并且不爱与大人交流时，他们又会报怨：我们家那孩子，没嘴的葫芦，三棒子打不出一个响屁！试问：这种后果是谁造成的呢？

假若你遇到这样的情形，首先要检查你自己，改变你自己。

（1）与孩子交友，要焕发出自己的童心，尊重他的爱好和志趣。就比如孩子爱做泥塑，你可以做他的助手，帮他给泥人儿安一个眼睛、捏一捏嘴唇。要对孩子的创意及时地表示赞同和惊异，使孩子有成就感。如果怕孩子弄脏了衣服，你可以给他找件旧衣服，说明这是做泥塑时的工作服，要表示出你对他的“工作”的重视和尊重。同时，要从他的作品中选出较好的摆在家中醒目的位置，让来访者参观。如果你发现他乐此不疲，还可以给他创造更多的发展机会和展示平台。比如买橡皮泥，让他随时可用；和面团，欢迎他做面塑；有好作品也可以拿到学校让美术老师指点……这样，两代人之间岂不是有了共同的话题吗？

（2）与孩子交友，要控制自己的强烈反应。假若有人向你反映说你儿子拿了某女生的橡皮筋，尽管你既生气又失望，也不可以用什么“偷”、“贼”之类的字眼儿，不要让过激的情绪失去控制。因为每一个孩子都有自尊，都不愿让父母失望。你如果过分地表现出失望和生气，恐怕孩子今后不是报喜不报忧，就是索性破罐儿破摔。那么，怎么解决这“橡皮筋”的问题呢？你可以等自己的情绪平稳下来后，选择适当的时间，和颜悦色地问：“听说你们班某某弄丢了什么，很不愉快，我们能给她什么帮助呢？”如果孩子拿出橡皮筋来，就及时表扬他能急人所急，鼓励他亲自送过去，如果孩子爱面子没有拿出，要体察他的胆怯和羞涩，去商店买个橡皮筋，让孩子送过去。他体会到助人为乐的乐趣，自然会改掉小毛病的。我们常常看到孩子准备口无遮拦地与父母敞开心扉时，父母堵了孩子谈兴的情形。比如上了四年级的小泽恩对妈妈说：“我们班的淘淘给了妞妞一张相片，还在相片背后写了亲爱的……”泽恩妈立即大呼小叫道："天呀！你们四年级就有谈恋爱的……"当泽恩觉察到妈妈的愕然和警觉时，发现自己说漏了嘴，脸一红再也不开口了。这样，泽恩的妈妈就失掉了听听泽恩真实思想的机会。

（3）与孩子交友，大人尽量不要直接发问，要创造宽松的谈话氛围。我曾见过一位与妻子闹意见的同事，他急切想知道上小学的儿子对父母持什么态度，便把孩子叫到我们办公室来谈话。这同事很正式地说："孩子，爸爸想听听你的看法，今天我们敞开心扉来谈谈。"结果是孩子缄默不语，说话的只有这可怜的父亲。太直接的发问，会让孩子揣测你的真实动机，给孩子造成心理压力，他往往以守为攻，一言不发。可是，你如果在与儿子一起打完羽毛球，骑着自行车带他回家的路上，或者是周末一起栽种花草、洗刷鞋袜时，孩子可能会滔滔不绝。另外，大人们不要以说教者的身份出现，而应以平等的姿态谈自己的感受，往往会听到孩子的真实思想。比如一位女士在丈夫去世后发现孩子很伤心，她总想安慰儿子，让孩子说出内心的痛苦，可每提及这话题，孩子转身就走掉了。在心理医生的建议下，这女士不再追问儿子的感受，过节时自然而然地提起自己对丈夫的思念，与孩子一起回忆三口之家那段美好时光。这时那孩子反倒一下子开口了，他陪着妈妈掉泪，并表示自己长大了，愿意与妈妈一起分担痛苦。这之后，那孩子的郁闷状况得到很大的改善。

做父母的最爱问的问题是“为什么”，女儿告诉你放学后要晚回家一会儿，你要问为什么；儿子没有被篮球队选中你要问为什么；考试成绩出现了滑坡更要问为什么……其实“为什么”这个词组最容易激发他们的逆反心理。当孩子告诉你，她要晚回一会儿时，你回答：“噢，知道了。你们有什么活动吗？”往往会收到较好的效果。也就是要缓冲一下直接的提问，使谈话氛围宽松下来。

（4）与孩子交友，要尊重孩子的个人隐私、替他们保守秘密。

想象你最好的朋友把你告诉他的秘密传给了第三者，你的感受会怎样？不要看孩子年龄小，他们的秘密与成人的同样重要。替孩子保守秘密，这是你获得其信任的最佳途径。

我的一个女学生，她的儿子有轻微的自闭症。病因就是因为她将孩子告诉她的“秘密”在不经意间告诉了自己的妹妹。当姨姨的又口无遮拦，把这秘密当做笑谈取笑了外甥。从此，这孩子就再也不肯对妈妈说什么心里话了，郁闷得很。

青春期的少年，更容易有自己的秘密。他们渴望摆脱家庭的羁绊、父母的束缚，越来越多地依靠朋友。这时的父母就应当降低期望值，不要以为你是最开明的父母就要求孩子把什么都告诉你。我们应该做的只是要让孩子知道：无论在何时何地，如果你需要，父母永远在你的身边，永远是你的依靠。在轻松、民主的家庭环境里，孩子更能表现出纯真的童心。父母从这童心中才能获得更多的信息和乐趣。

（5）与孩子交友，要包容其错误，奖励其诚实。记得改革开放之初，我先生从台湾带回一块漂亮的坤表。刚巧那几天上初中的小女儿丢了自己的电子表，我就将这块心爱的坤表借给她用。不料，没等我给她买回新表，她在洗澡时就又将这块坤表丢了。接二连三地丢表，这孩子确实有过错，但你必须首先肯定她的诚实。诚实是大节，是一个人一生中最要紧的品德。所以我不仅不责备她，而是陪着孩子去她洗浴的地方寻了一遭。东西丢了自然可惜，如果再丢了孩子的诚实和自尊，那可是最大的损失。孩子们最担心的是由于他们的错误而少了父母的爱和信任。所以要注意鼓励和培养他们主动承担责任的好习惯。我们家的小女儿最会为父母排忧解难，这完全是信任和鼓励的结果。

沟通为何陷入僵局

在日常生活中，父母就应给孩子营造民主宽松、温馨和谐的家庭氛围，将两代人间的交流和沟通化为生活的一部分。

我们在电视节目、专家讲座或教育子女的书本中，常常听到要和孩子多交流、常沟通的劝告，但对于怎样沟通、什么样的沟通才有效，却谈得很少。当然，这不是专家们在避难趋易，实在是因为沟通本无定法，各家有各家的交流方式。可是，我常常听到家长们埋怨："我家那死丫头，揪住耳朵也递不进话去！""唉，没法儿交流，好歹撬不开他的嘴！"还有前一篇文章中提到的母女间几乎成为冤家对头的情形。仔细琢磨着"沟通为何成僵局"，却还是有规律可循的。

咱就拿前面提到的"冤家对头"为例。某天傍晚，那母亲在回家途中看到一个男生搂着她女儿的腰，亲昵的情形不比寻常。女儿回家后，她便问道："刚才那搂着你腰的男的是谁？"

女儿吃一惊，答道："没有，没有啊。"

母亲冷着脸说："我亲眼看到的还说没有？"

女儿反驳道："天色不好，你看错了。"

母亲再也抑制不住心中的恼怒道："你还学会了撒谎……"

紧接着就是唇枪舌剑的分辨吵嚷，对话变成了对峙。这种交谈不仅毫无效果，而且还有莫大的副作用。那就是孩子在内心深处筑了一道防范的高墙，以后你很难再打开她的心扉。

那么，这一段对话的问题出在哪儿呢？第一，时机不对。作为母亲，她第一次看到自己的宝贝女儿被一个不知来历的野小子搂了腰，会有一种掌上明珠被玷污的感觉，必然是胸中堵得慌；女儿呢？情窦初开的少女正沉浸在被异性爱抚和呵护的甜蜜之中。两者心境反差太大。首先从情绪上彼此就不能接受。这就需要母亲耐着性子，来个从长计议，等自己的心绪平和下来再议此事。第二，发问的切入点不对。“刚才那搂着你腰的男的是谁？”一出口就直奔事态中心地带，口气又咄咄逼人，这样对女儿就形成了极大的心理压力，她一脑门子心事是怎样圆场，以图过关，就不可能以诚相见道出实情了。第三，从根本上违背了交流和沟通的精神实质。所谓交流或者沟通，其主旨就是双方要互动。怎样才能保证互动畅通，敞开心扉呢？那就是与交谈者要构建相互尊重的平等融洽的氛围，而不是咄咄逼人的审问。家长要让孩子吐出真情，切忌以强势的凛然姿态和口吻出现。第四，“你还学会了撒谎”，这种结论性的评论更是糟糕。其性质有点儿极左时期的上纲上线，它给孩子一个心理暗示：“你的人品上出了问题”，“你在妈妈心中的形象已经一落千丈”。这样孩子就可能在今后的行为上更加放荡不羁，甚至干脆破罐子破摔。

同样的情形，我的女友R也发现她十六岁的女儿交了异性朋友，心里很是不爽，但她没有马上追问，冷静下来后做了理智的处理，效果就好得多。周六的下午，她在菜市场买菜，突然发现女儿与一男生在水果摊前买橘子，两人争抢着付钱。男生付完钱后两人一边说笑一边吃橘子，甜美欢快的样子非比寻常。R女士说，她还藏匿在人群中仔细打量了那男生的模样。她觉得他个子太高，电线杆一般；尖嘴猴腮，相貌不佳。她说自己当时确实又吃惊又生气，一是觉得女儿才十六岁，刚上了高中一年级，不该交男朋友；二是觉得女儿长得水灵匀称，一表人才，怎么会看上这么一个男生；第三是怕他们影响学习，耽误了前程。但她没有追上去问个究竟，而是回了家向丈夫诉说自己的发现。结果她先生却说："你先别疑神疑鬼，人家说不定还是一般的同学关系呢。"她说："不对，那亲密的程度胜过一般同学。"先生又说："十六岁的女孩子不敢跟异性做朋友也不正常，重要的是让他们把握分寸。"她觉得丈夫的话不无道理，就发愁道："那怎么能把这件事点破，把咱的意思灌输给她呢？"夫妇俩商讨半天，决定让女儿的小姨来做这个工作。因为女儿的小姨是中学老师，当过班主任，善于做学生的思想工作。

春节后的假期中间，R女士的女儿去小姨家做客。小姨便打开电视让这女孩儿看，刚巧电视中放的是琼瑶的"情深深雨蒙蒙"。

俩人便一边看电视一边天南海北地神聊，气氛十分轻松。小姨对着电视中的女主人公依萍、如萍感叹，说：“琼瑶的电影很是煽情，但她笔下的女孩们谈恋爱要死要活，大都受过伤害。”

女孩便问：“这是为什么？”

小姨答：“十五六岁的女孩，情感柔软的像糖稀，陷得太深就难以自拔。而十六七岁的男生，自己也不明白自己想要什么，他们的情感就像自己正在发育成长的身体，多动易变。这就注定初恋的不稳定、不久长。”

女孩立即警觉起来，问小姨道：“小姨，你反对女孩子交异性朋友？”

“不、不。除非有心理障碍才不敢交异性朋友！”小姨笑着给她讲自己年轻时交过的异性朋友，讲那些朋友对她的真诚帮助。她说：“男孩子眼界开阔、心胸宽广，有女朋友不能替代的作用。”

女孩在顷刻间放松，也笑道：“我也觉得男孩子心胸宽，有见解。比如去年秋天，我爸和我妈吵了架，一个个摔门而去，全不把我当回事儿。弄得我怪难受的。我和女同学谈这件事，她们都为我唉声叹气，根本于事无补。可我和一位男生聊家庭、父母，他却笑道：‘哎呀，瞧你多幸福啊，为啥不录下音来放给你的父母听，这变味儿的音符经你一归整，又会出现丰富多彩的喜剧效果呢。我倒想享受父亲一声呵斥呢，可惜他长眠地下，闭紧了嘴巴！’这男生特别豁达开朗，经他这样一调侃，我也就快乐起来了。”

小姨哈哈一乐，也夸赞这男生道：“真是个聪明的男孩！其实帮人时未必要讲大道理，幽默才是最高的智慧！那么，你们的友谊还在继续吗？”

女孩无限憧憬道：“跟他在一起有说不完的话，除了快活就是笑。”

小姨夸张地嚷道：“天哪，真叫人羡慕！这男生人长得帅不帅呢？”

女孩道：“个子高高的，瘦瘦的。白面皮，瓜子儿脸。”

小姨进一步追问道：“那功课学得怎么样？”

女孩叹道：“咳，数理化还不及我哩，功课上不能给我帮助。他偏爱文科……”

“这有什么关系啊。”小姨安慰这女孩道，“难道他会拖了咱的后腿？——没有发展到难分难解的程度吧？”

女孩笑道：“瞧您说的！我们只是待在一起感到愉快而已。”

话题扯到这儿，小姨就认真分析了女孩的自身条件，劝她在交友上要扩展视野，不分性别，与高素质的人相处，取众人之长，补自己所短，首先使自己成为强者。同时，她一再强调：中学生是中学生的眼界，大学生是大学生的眼界，考上研究生后，眼界又会不同。所以在十六七岁的年龄段交异性朋友，一定要自尊、自重，把握分寸。

女孩觉得小姨的话句句在理，便频频点头。后来，这女孩果然不负众望，考上了某重点大学。

通过这两则案例，我们不难看出家长与子女沟通时应该注意的事项：

（1）创造宽松和谐的谈话氛围，彼此的心态一定要放松。

（2）话题的切入点不可太突兀，以免给对方造成心理压力，使孩子有了戒备——比如小姨从讨论琼瑶的电影情节谈起，不露任何说教痕迹地进行了切入。

（3）顺着孩子的思路，尊重他的感受，不急于讲自己的大道理，比如小姨一再夸奖那男孩。

（4）认真倾听，使孩子感到你的态度很真诚。

（5）不时发问，引出解决问题的突破口，比如那小姨问到功课学得怎样时，事态就出现了转机。

（6）要谈相应的感受，进而放缓语气规劝，以理服人，而不要谴责和下结论。

除此之外，在日常生活中，父母就应给孩子营造民主宽松、温馨和谐的家庭氛围，将两代人间的交流和沟通化为生活的一部分。家庭中正确的人生态度、价值体系一旦在孩子的头脑中扎了根，这种牢固的凝聚力就必将在他们的为人处世中发挥作用。

扑灭嫉妒之火

真诚地承认嫉妒、恰当地表达嫉妒既不是丢人的事情，也不会影响到友谊，恰恰是诚实和勇敢的表现。

我的学生 D 给我讲了这样一件事情：她的同桌小羽和她是无所不谈的闺中密友。两人同桌、同床（上下铺），几乎形影不离。经常一起讨论未来的理想、上大学的捷径。一天，小羽突然对她说：咱都考美术院校吧，美术院校对文化课成绩要求不高，或许咱俩人都有希望。D 发愁道："你还有些基础，我对绘画一窍不通。进美术辅导班就要经过考核，我没有任何作品，这第一关就难过。"小羽大包大揽安慰她说："我也没作品啊！这没关系。我去求咱班的马良，让他替咱画一张。"马良是一位男生的戏称，因为善画而得名。在小羽的热情鼓舞下，D 就报了美术班的名。她想：反正我们文化课成绩都不咋样，走艺术之路会降分录取，那就一门子心思在绘画上下工夫吧。不几天，小羽又告诉她，马良画了一幅超水平的人物素描，在下面签了他们三个人的名字，已经交了上去。为此，她俩对马良千恩万谢，还请马良吃了烤鸡腿。可是，发下通知的那一天，却让 D 傻了眼，小羽和马良被双双录取，唯独她名落孙山。这小羽不仅不向她作任何解释，且背着她与马良上街购买画夹、颜料等用具。D气不打一处来，就跑到美术班想探听个究竟，在陈列室里当她看到那幅素描时，更是懵晕了头，原来那幅作品上只有马良和小羽的姓名！一种被朋友作弄和出卖的感觉油然而生。D压抑不住心中的怒火，找到小羽就把她臭骂一顿。这时，小羽才惴惴不安地解释道："实在是对不起，因为美术老师说一幅画最多只能签两个作者的姓名。我曾提出自己退出去，可马良坚持让我做第二作者，弄得我无颜面对你。"D不相信，再一次找美术老师去印证。美术老师说马良与小羽确实替D求过情，只是这是学校的规定，不能违反。返回去细看那幅素描，果然在第三作者处有擦拭过的痕迹。

即便真相大白，D对小羽的友谊也已荡然无存。

而且，D说每当她看到小羽风风火火带了画夹去美术班，走其艺术之路时，就止不住怒火中烧。尤其那小羽还不识"火色"，时不时要带回作品给她看，想给她当老师。她更是恨不得把那些作品撕个粉碎！

听了D的诉说，我劝她道："你在报美术班时并没有下多少力气，说明你原本没有强烈的欲望。只不过是小羽煽风，你也一时兴起；既然未被录取，何不只当没这回事呢。再说，从动机上讲，小羽当初也是为你好啊！"

D说："我从前到后想过多次，也怪我太不把它当回事了。可一看到她兴冲冲去美术班心里就来气！"

这就是嫉妒。在万般无奈下，我只好实话实说。

最初，我的学生D不承认她在嫉妒小羽。因为我们在习惯上给嫉妒加了过多的道德色彩，认为嫉妒朋友的人必定是自私、狭隘和品质低下的小人。其实这里边有许多误解。

为了及时扑灭学生的嫉妒之火，我和她对“嫉妒”作了客观的剖析：嫉妒是人类普遍存在的一种情感体验。如果谁说他从来没有嫉妒过旁人，那我们基本上可以断定他在说谎。在一切能够攀比出好坏、高低、多寡的范围内，都可能引发嫉妒，比如能力、知识、财产、容貌等。在自己感觉不如他人的情况下，嫉妒就会悄没声儿地蔓延到心灵深处。这是人性的弱点。从本能的层面来剖析，嫉妒心理是对危险的警示。物竞天择，人类除了自然界的生存竞争，也是从跟同类的竞争中存活下来的。特别是在物质匮乏、社会规则尚未建立的年代。强者会有更多的活下去的机会。嫉妒的产生，在明白无误地告诉每一个人，别人比你强，你的处境很危险，如果不做出努力的话，你会失去很多，甚至生命。

给嫉妒加上过多的道德色彩是一种理解上的狭隘。有趣的是我们人类仿佛对道德判断成瘾似的，凡事不加上道德眼光就好像遗漏了什么。实际嫉妒和一个人的道德品质没有太多的关系，倒是与其能力有关。这个能力指的就是欣赏他人的能力。

说到欣赏旁人的能力，就使我想起中国家长和美国家长的不同。中国的孩子如果对谁表现出醋意，比如老师夸奖了谁使他不高兴，谁的玩具手枪比他的高级他就想要，家长们觉得变个法儿满足他一下就完事，根本不以这孩子的“眼红”为意。意识不到变嫉妒为欣赏是一种能力，能力就需要日积月累地修炼和培养。笔者在美国探亲期间，发现美国的家长们非常重视自家的孩子及时地去赞赏别人。比如在游乐场玩耍，某个孩子表现出惊人之举，他们会鼓动自己的孩子为人家加油喝彩，说：“你真棒！”某个小女孩穿了件漂亮的衣服，他们也会启发自己的孩子去夸赞说：“好可爱，我喜欢你！”与此相反，咱们的家长往往是这样——当他们发现自己的孩子喜欢别人的玩具或衣服时，立即会安慰孩子道：“喜欢吗？爸妈给你也买一件。”省略了由衷的赞赏别人的环节，而设法弥补孩子心理的不平衡。这种行为方式暂时解决了“红眼病”，却种下了“欣赏无能”的种子。这样地爱孩子，实在是短期行为——只顾近忧，不谋久远。

客观地讨论人性中的弱点，尤其是为“嫉妒”解除了道德的捆绑，我的学生心理上就不存在任何压力了。她讪然笑道：“我觉得还是她不该先伤害我。我之所以有气，因为我们原是不分彼此的朋友啊。那马良也去美术班，我为什么就不嫉妒他呢？”

我说：“你再理一理头绪，小羽到底伤害到你什么呢？”

D 说：“最起码她应该及时向我解释啊！”

我也笑道："她后来做了道歉和解释，并且你也明白了真相，可你为什么还是不能释怀呢？"

D 回顾了一下，其实她什么损失也不存在。她不得不承认这是嫉妒的因素在作怪。这时我们便发现，嫉妒往往是发生在朋友、同学、同事和身边的知交之间。D 为什么不嫉妒马良，而嫉妒小羽呢？原因就在于她和小羽好得如同一人。在不分彼此的情况下，小羽拥有的，D 觉得她也应该拥有。尤其在两人文化课都不怎么样的情况下，小羽多了一条出路，对 D 就会形成一种无形的压力和威胁。嫉妒便由此而生发出来。为什么 D 不嫉妒马良呢？人常说距离产生美。虽然同在一个教室，D 与马良既是异性，又非好友，心理距离相对遥远。这也正是我们为什么对中国的富翁通过媒体征婚品头评足，而对美国的传媒大王默多克娶了年轻的中国姑娘一笑置之的原因。

要由衷地欣赏，必须把胸襟打开，与被欣赏者保持恰当的客观距离。站远了看或二十年之后再回头看，你现在所受的任何打击都将富有诗意。

"这嫉妒心真像魔鬼！"D 坦诚地表白，"我那时真想把小羽的画夹、作品付之一炬。"

"不是靠自己变得强大来缓解嫉妒，而是通过损害打压别人来缓解，这种做法就与道德有关了。"我们的谈话变得严肃起来。"膨胀的嫉妒带给人的伤害，怎么估计都不过分。"

D 与我列举出嫉妒的种种表现形式：能够理性地压抑妒意

的人，“吃不上葡萄说葡萄是酸的。”妒火中烧而又特别感性的人，动辄视比自己强的对手为仇敌，口无遮拦，恶语伤人。还有介乎这两者之间的，受道德约束，不敢发泄，心底却隐隐作痛。在对手面前强作欢颜，内心深处恨不能置对方于死地。这种内外反差的折磨使嫉妒者如同地狱中遭受酷刑一般。当然，还有膨胀到失去理智的疯狂者会干出愚不可及的蠢事……

既是如此，我们何不把嫉妒变为欣赏呢？在嫉妒之火刚刚燃起时，就赶紧采取补救和扑灭的措施。那就是自觉调整自己与对方的距离，一直调整到可以把他作为欣赏对象为止。就比如的 D 的朋友小羽，在我们局外人看来，她有许多可爱之处——乐于助人，考虑问题却不周全；别人与她有了过节，她还意识不到问题的严重；风风火火，大大咧咧，一厢情愿……这正是十六七岁的少女的单纯可爱之处啊。她能否走成艺术之路，其实只是一个幻梦。怎么会对 D 构成威胁呢？

明白了这一切之后，D 大大方方地对小羽说：“你知道你上了美术班我是多么嫉妒啊。经过这么长时间的煎熬和反思，才让我明白了一个道理：我们是好朋友，但并不是挤在一个轨道上的跑车。你有你的艺术爱好和梦想，我则希望能成为一个心理医生。让我们为彼此加油和祝福吧！”

于是，两个朋友和好如初。

身边的事例，对我们的教育也很深。真诚地承认嫉妒、恰当地表达嫉妒既不是丢人的事情，也不会影响到友谊，恰恰是诚实和勇敢的表现。负荆请罪之所以传为美谈，正是因为其行为中折射出人性的光辉。嫉妒既是种千古的存在，那我们就把它当做一种客观情感来认识和重视吧。好在人性中还有理智的力量，自我反思、自我调整的智慧，此二者的光芒足以照亮前者的阴霾。

何必追根究底

娘自以为她用唠叨洗净了我身上的污渍，却不知女儿用谎言打破了诚实待人的行为准则。

通常家长们爱说：“人家那耳朵已经长了茧，任凭怎么说也听不进去了。”如果说真是这样，那是妈妈们用自己的唠叨“辛勤”打磨的结果。

孩子们在生活中遇到难以排除的尴尬时，我们的妈妈们最爱唠唠叨叨，追根究底。

记得我上小学六年级时，我的本家二爷爷从蒙古回来了一趟，送给我一块苏联花布布料，我娘特意给我做了件棉袄。可是，我这花棉袄没有亮丽几天，就被坐在我背后的男生弄脏了。他掀翻了墨水瓶，蓝黑的墨水在我背上溅了一大片。这遭遇让周围的同学为之哗然。当时是自习课，这男生怕我报告老师，一再向我道歉。我当时的感受是这样：第一，既觉得晦气，又觉得痛惜，而且犹如芒刺在背，十分尴尬。第二，害怕回家，不愿听到母亲的追问和责骂。第三，因为这男生功课好，在班内一向威望高，平日对我们小女生挺漠视的；这天，他在这么多人面前对我表现得低声下气，我心底还潜藏了一丝快意。再加上好几位懂事的大女生对我也表现出关爱。在我放学前还从伙房里找了一盆水，替我清洗了一遍。这使我心里略微好受些。

回了家，尽管我一再躲闪、掩藏，还是被母亲发现了。我只好硬着头皮领受这一顿责骂：我娘的第一层意思是说，这苏联花布是我二爷爷从蒙古（大库伦）千里迢迢带回来的，没有给我妹妹，只给我这么一件，是如何如何珍贵，待我穿小后，妹妹还等着继续穿，我却不懂得珍惜。第二层意思是说，即便不珍惜这苏联花布的布料，也该珍惜娘的辛苦。我娘缝制它时，确实是像制作一件工艺品，衣服四周还滚了粉色的贴边。第三层意思是说，我现在连自己的新衣服都保护不住，将来就会有人欺负到我的头上……

这些声讨严厉而冗长。我一言不发，期待着雷霆霹雳之后的红日高照。

不料，母亲还不罢休，要问我弄脏棉袄的那男生是谁，他是故意还是无心的过失，他平日与我有无嫌隙……

当我一一回答之后，她又问我有没有报告老师。

“报告老师做什么呢？”我不耐烦了，就提出自己的反驳意见，“他既不是故意的，又赔了理道了歉，为什么还要报告老师呢？”我发表完自己的意见，就摔门而去。

打这之后，那男生对我态度一直挺好。我问他数学题时，他解答得既详细又认真，还愧疚地问我：“你娘发觉了吗？”我说："知道了。"他又问："骂你了吗？"我摇摇头。

可是，我娘却没完。她一看见我背上的蓝黑印渍就别扭，别扭到不能自制，就给我来一句："娘让你告诉老师也是好意，你靠着老师的支持，才会有些势力。"

不管遇到什么情形，都会勾出她对这尴尬事的话题：

A. 遇到姨表兄结婚，邀我们去吃喜酒。娘便说："唉，原本靓靓的新衣服，现在却变成了新新的脏衣服。看你怎么往人前站？"

B. 我在认真洗完脸后，照着镜子梳头，她会说："前面是自己的，后面是人家的。管前不管后！"

C. 村里的一个少年被人打破了头，家长出面向村领导告了状，讨回了公道。娘就说："有些时候该告状就要告状。世上的事就是人善被人欺，马善被人骑——那件事你报告老师了吗？"

直到我听得不耐烦到极点，就灵机一动对娘说："那件事我报告了老师，老师拧住那男生的耳朵，问他说：'以后你还当心不当心？你再不当心把人家的衣服弄脏，就让你老子花钱坐飞机到大库伦去，给人家买一件一模一样的衣服回来！'可把那男生吓坏了。连声说：'不敢，不敢，再也不敢了。'"

我娘这才长舒一口气，彻底放了心。她自以为她用唠叨洗净了我身上的污渍，却不知女儿用谎言打破了诚实待人的行为准则。

精明爸爸与机灵孩子

最后较量的还是诚实和意志。教孩子们灵活时，千万要剔除掉“小聪明”、“鬼心眼儿”。

我的某位同事曾为他的一位朋友感叹，说他这位朋友特别精明，弃教从商，开了个小卖店，几年工夫就发了。这朋友的儿子也特别机灵，可是几次三番才考了个高中，高中一毕业就跟着爸爸经商了。我同事的结论还离不开血统论：“龙生龙，凤生凤，老鼠的儿子会打洞。”

我问他那位爸爸怎么个“精明”法，那儿子又是怎么个“机灵法”，他说：

有一次爸爸骑着自行车带着儿子去逛街（那还是清贫的时候），发现自行车的后胎软了，去路边修车的老头那里去打气。打完气后老头不让走，说留下一毛钱。爸爸就问：“空气还卖钱吗？”老头说：“打气筒的磨损费。”于是爸爸从身上掏出五十元递过去，说：“找吧。”修车的老头很倔，说：“不要大的，怕假钱。”

上街前，妈妈曾给过儿子一块钱。儿子正要翻自己的小口袋，爸爸冲儿子挤挤眼，摇摇头。儿子立即会意，不动声色了。这时，那爸爸就佯作生气，教训老头道："你这老汉怎么这样刁难人？大钱你不要，小钱我没有，你说怎么办吧？"

老头儿说："借去！"

爸爸就说："跟前没熟人，问谁借去？你把这点气放了吧！"

老头一生气，果真就拔了气门嘴儿把气放了。

这时那爸爸可不依了，他说："你要放气，只能放你的打气筒充进去的气，怎么把我原来的气都放了呢？"

那孩子也跟上来帮腔，说："赔我们原来的气！"

争执一阵，老汉怕耽误自己的活儿。只好亲自给他们把车轮胎再打起来，放他们走人。

这位父亲为在儿子的配合下大获全胜很是兴奋，多次向朋友们宣讲这故事。他说，离开那老头后，他就教导他儿子：当今社会，就得见机行事。精明人把傻子哄骗得卖了，傻子都不明白东西南北。

我同事的儿子和这位机灵儿子同岁，曾在一起玩耍时被人家捉弄过几回。他便老埋怨自己的儿子憨，说自己的儿子动不动就当了冤大头。

有一次我的同事给他儿子买了一副类似扑克牌的看图识字卡片，这憨儿子就拿出去显摆。那机灵孩子看见了，很是羡慕。非要借回去让他父母看了，照着买一副。这憨孩子不肯。结果两人玩着玩着，那卡片就散了一地。机灵孩子马上帮着捡，捡完了各自回家。过了几天，憨孩子清点他那识字卡片，发现缺了“老虎”、“大象”和“长颈鹿”。后来跑到那精明人家去打听。那家父母便笑着说：“是孩子拿做样品，让我们看了也给他买一副。”

我这同事接到三张小卡片时，仔细察看，发现上面有小球鞋的印迹，显然是那小孩当场灵机一动，踩在脚下，等他那憨儿子离开后，才收起带回自己家的。

若干年后，憨儿子由重点大学毕业后又考了研究生，机灵儿子仍然跟着父亲经营小商店——因为受小县城各方面条件的制约，那买卖一直没有做大。

近来，我同事又在育子观念上有了新的认识，他说：最后较量的还是诚实和意志。教孩子们灵活时，千万要剔除掉“小聪明”、“鬼心眼儿”。

当好不同学龄段孩子的家长

一个顽强的孩子，应该是什么问题都能面对，体现素质教育和升学考试的双赢。家长的作用在于为孩子营造学习和生活的平静港湾，营造一个宽松愉悦的家庭环境，使他能从强烈的竞争氛围中走出来，放松紧绷的备考弓弦。

孩子入学前家长应有的准备

孩子入学前家长们物质方面的准备当然是必须的，但更为重要的是要学些心理知识，与孩子息息相通，真正知道他们需要什么。

记得我上小学时，妈妈给我准备了书包、文具盒、花格子头巾等物质的东西，却没有心理方面的准备。她只是告诉我要听老师的话，好好学习，学好功课将来才有大的出息。但“大的出息”对一个六七岁的孩子来说，实在太抽象和乏味了，根本转化不成学习的动力。倒是我的同学翠鱼、然然等给了我很多奖赏和鼓励。入学后第一节课，班主任老师让我们写自己的名字——五十年代的小学课本还是繁体字，我的名字中的第二个字“芸”特别复杂，草字头下面是雨，雨下面才是云。尽管我模仿老师的笔画，笨拙地把这个字垒成了高山，老师还是表扬了我。因为坐在我左右的翠鱼、然然们看着自己的名字就望而生畏，不敢动手。于是，当老师视察过我们这一排时，我就照猫画虎替她们把各自的名字写在她们的石板上。这之后，我就被她们推崇为好学生，收到葵花籽和炒豆子的回报，从她们赞赏的目光中我感受到被尊重的荣耀。然而好景不长，入学一个月后一年级要分甲乙班——我们上的是三个村合在一起的联合学校，班容量大，我被分在了甲班，再也受不到好友翠鱼、然然们的拥戴了。新的班集体中大部分是陌生的面孔，有十来个学生还是从二年级留下来的。留级生本来就没有什么好心情，常对新同学吹胡子瞪眼睛。这使我上学的热情一落千丈，不仅没有归属感，而且心里总是惴惴不安的。紧接着又是算术课的进度赶不上来——说来也很简单，乙班的算术刚讲到十以内的两个整数相加，甲班则出现了连加，我根本没有接受新的挑战的心劲儿，对功课产生了畏难情绪。偏偏在这时，我心爱的花格子头巾又不翼而飞。如果母亲是知识女性，如果她能体察我的心情，也许会对我有较大安慰。结果母亲是雪上加霜，骂我："妈妈舍不得围，你妹妹也不让她围，结果你给弄丢了！""七八岁的人了连自己的东西也看不住！将来到社会上咋活呢？"在学校和家庭的双重压力下，我对上学连一点儿兴趣也没有了，干脆"一病不起"装起病来……

我讲这段经历是要说明：孩子入学前家长们物质方面的准备当然是必须的，但更为重要的是要学些心理知识，与孩子息息相通，真正知道他们需要什么。

好在现在的孩子在入学前已经有了幼儿园集体生活的经历，比我们那代人强多了。不过，据专家提示，从幼儿园到正规小学教育的过渡，仍然有六个方面的断层需要科学合理地衔接：

（1）师生关系的断层：歌中唱到："幼儿园老师像妈妈"，现实生活中确实如此。幼儿园老师和小学老师相比较，前者显然是呵护多、温情多。孩子上了小学，若遇到严肃的小学老师，心理上会对新老师产生畏惧，缺乏认同。胆小的孩子会疑虑重重：一个班这么多同学，老师会不会关注到我、喜欢我呢？此时聪明的家长就要体察入微，告诉孩子老师爱勤奋努力的孩子，爱乐于助人的孩子。这样孩子就有了目标和动力。

（2）学习方式的断层：以游戏为主的幼儿园生活突然转换为以学业为主的正规课堂生活。四十分钟的课堂教学不能交头接耳，不能乱动，孩子会感到枯燥和无聊。如果此时家长疏忽了孩子的心理不适应，不鼓励孩子接受新的挑战，让他们长期处于压抑的心理状态下，容易感到身心疲惫，甚至产生心理疾病。

（3）行为规范的断层：在幼儿园，孩子可以迟到早退，行为规范相对宽松自由；而上小学后，行为规范比较严格和制度化、秩序化。要帮助孩子用理性和规则代替感性活动。

（4）社会结构的断层：进入小学后，孩子要与幼儿园熟悉的小朋友分离，建立新的人际关系，在新的班集体里寻找在新团体中的位置，并为团体成员接纳和认同。要鼓励孩子主动与人打招呼，早日融入新生活中，成为新团队中受欢迎的一分子。

（5）期望水平的断层：在幼儿园，家长和老师对孩子都没有硬性要求，维护孩子快乐和健康是唯一的目标。对小学生来说，则有一定的课业负担要完成，孩子会明显地感到玩耍的时间少了，老师和家长的要求也发生了变化，此时的孩子会感到压力和约束。

（6）学习环境的断层：幼儿园的孩子是在活泼、自由、轻松的环境下自发地学习；而到了小学，却往往是在老师的支配和家长的监督下学习，这就容易产生抵触情绪；过渡不好甚至会厌学。

要知道孩子内心世界到底需要什么，发生了什么变化，就必须与孩子建立畅通无阻的沟通渠道。美国心理学家马斯洛认为，可以把孩子的需要分为五个层次：生理需要、安全需要、爱和归属的需要、尊重的需要和自我实现的需要。一般的家长都会说生理的需要无非是食物、空气、水等，现在条件好了，这个需要我肯定能满足他。其实不然，双休日的兴趣班遍地开花，好多孩子忙碌地奔波于各类兴趣班之间。当他在酣睡中你把他唤醒时，当孩子眨巴着疲惫的眼睛时，你不觉得他连最基本的生理需要——睡眠都没有得到满足吗？

所以说教育孩子实在是件细致的活计——要准确地把握孩子的心声，陪伴他健康地成长，所以家长最好是掌握些儿童心理学，提高自身的素质。

孩子考上重点中学之后

父母的盲目乐观会直接影响到孩子的自我评价、自我定位。

孩子考上重点中学之后，有些家长往往会出现盲目乐观的心态：欣欣然喜不自禁，头脑发热出现幻觉，以为前脚踏进某重点中学，后脚就迈进重点大学了。殊不知这一年365天、三年1095天中会出现多少变数。过上一两个学期，经过几个回合的考试下来，其欢乐情绪说不定又会降入低谷，摇头叹气道："不行不行，这孩子退步了。"

我就屡屡遇到这样的亲戚朋友。一位家长当他的儿子考上市重点高中后沾沾自喜，逢人便说这孩子中考发挥得如何如何好，为家中省了多少择校费用等。结果到期中、期末测验时，孩子在新的班集体中名列榜尾，其父母又说这孩子贪玩，退步了。这种不能就事论事、具体情况具体分析的做法，这种要么喜形于色要么唉声叹气的极端表现，对孩子的人格建设，尤其是自尊、自信的树立，没有任何好处。

实际情况是怎样的呢？这孩子参加中考的那一年，适逢非典时期。为了尽量降低考生交叉感染的可能，中考时没有全市范围集中考试，而是就近的几所学校联合起来，分片儿来考试。这孩子所在的学校就是考点。另外，考试科目与往常也大不相同，没有考化学、物理，只考了语文、数学和英语三科。据我所知，化学和物理正好是该生的弱项。按说，家长应该给孩子指出：能够自己考上重点高中，证明自己的基本功还是扎实的，尤其是语、数、英三科，超常的发挥看似偶然，其实有必然性在里边，功夫不负有心人。同时，也应看到这一年的中考有侥幸的成分：第一，考点设在母校，心理上不必承受太大压力；第二，考试科目又都是自己的强项，扬长避短所向无敌。但这样的机遇不存在必然性。平日还应在自己的弱项上多下苦功。

有了实事求是的具体分析之后，家长的期望值也就不会忽高忽低了。父母的盲目乐观会直接影响到孩子的自我评价、自我定位。你说踏进这重点中学的校门，就等于迈进重点大学的门槛了。这话对孩子有一定的鼓舞作用，但缺乏科学分析的警示作用。当孩子在新的团队中接受新的挑战时，掉到了队尾，你又说他“不行，退步了”，这会使孩子晕头转向，一时间找不着北。

事实是这样，你的孩子没有退步，这入学后的一两次考试反映的成绩，正是他自己的现有实力。人常说山外有山，天外有天。靠自己的实力考入重点中学的同学都是出类拔萃的尖子，但强中自有强中手。家长遇到这种情形，绝不能对孩子说

“不行，退步了”的话。这是家庭教育的大忌。因为刚刚迈入一个新的团队中，孩子的归属感尚未建立，他很想把自己摆放在一个令人羡慕的位置，把他的优势展示给新的集体。结果事与愿违，孩子内心的压力是可想而知的。这时家长若给他“不行，退步了”的心理暗示，不仅会加重他的沮丧和懈怠，甚至会让他患上忧郁症。

“你是不是在与新同学的横向比较中发现了自己的不足，但对你的成长，这是个进步，这是个新的起点。”家长应该这样开导孩子。并给孩子指出切实可行的赶超目标。“下一次考试，你可不可以赶超上一两个名次呢？”

我家的三个孩子都是以较勉强的分数考入重点高中的。上初中时，我们不太计较孩子的考分，而是尽量把知识面拓宽，鼓励孩子在做完作业的前提下多阅读课外读物、多参加课外活动。上了高中，高考的目标逼在面前，我们就告诉孩子说他们的实力还没有全部释放出来，仍有潜力可挖。因此就叫他们和比他们略有优势的同学交朋友，讨论学习难题，然后再超过对手。在最初的考试中，孩子超过一两位同学，前进一两个名次，都受到极大的鼓励。后来，学校也设立了奋进奖来奖励跃进十个以上名次的学生，我家的孩子都是通过跳跃式的冲刺考入重点大学的。当然，这和他们初中时知识面拓得宽，积累丰厚有关。我们相信量的积累必然会达到质的飞跃。

另外，孩子考上重点中学之后，如果他原来是旧集体中的前一二名学生，进入新集体中突然落到中游，本身也会产生一种受挫感、压抑感。这时父母就要提醒他，这是成长中必须面对的问题。人生是有阶段性的，进入新的集体就要忘记昔日的辉煌，不能让过去的辉煌成为今天的包袱。我们不妨举举姚明的例子。姚明在国内时是众人仰望的巨星，但他初到美国参加 NBA 联赛，并不顺利。刚开始他还不适应美国球员的进攻速度，跑动慢，没人给他传球，个别队员并不友好，但他确信这是人生的又一个起点，勇敢接受新的挑战，终于攀上新的高峰。

做家长的千万要注意：不可让孩子为此煎熬，你也跟着焦虑，其结果必然是相互感染，紧张的家庭氛围会削弱前进的活力。

孩子进入职业中学之后
——他们为什么像换了个人

未经忧患、没有阅历的年轻人，极容易把“耍酷”、“反传统”作为自己的价值取向，靠这样的出风头来吸引众人的目光。

现在的家长一般都是想让孩子走初中——高中——大学的求学道路，大学毕业后学识也长了，年龄也大了，再找工作更顺乎情理一些。一则放心，二则也体面。然而高中的大门并不是对每一位初中生都敞开着，重点高中、普通高中、私立高中一层层都有分数线卡着，万般无奈下只好给成绩上不去的孩子选择职业高中。诚然，上职高也有成绩优异而志向高远者，不过，就笔者所见作如是选择的毕竟是少数。因此，可以这样说，上职高的孩子相对地顽皮，大多缺乏“坐功”。注意力聚焦外面的世界多些，集中于课堂少些；团团伙伙哥们姐们亲热紧密些，对家长们管束的反抗力也强硬些……

但是，不少家长意识不到这些特点的严重性。他们从孩子中考后就为他的择校问题而发愁，东边碰了运气，西边探了行情，回家来只是埋怨孩子不争气；某日突然得到一个好消息，硬着头皮出去又碰一鼻子灰。一次次的挫败，羞于启齿的分数使他们将目光放在了职业学校上。好不容易把子女送入一所孩子满意、自己也能认可的职业中学后，这时的父母就大有松一口气的成功感了。他们认为，父母一暑期疲于奔命地为他找学校的情形他也看到了，上学前，千叮咛万嘱咐，“一定要学好专业，将来靠这一技之长维持生存”的重要性他也明白了，还要父母怎样呢？也正基于此，在孩子初入学校的前半年最容易持松懈倦怠的态度。

恰恰就在这一不留神间，孩子容易误入歧途。

北京电视台第八频道的《谁在说》节目中曾以“爱着你，恨着你”为题播出一期节目，说的就是一位十七岁的小女生不服管教，与其母亲“水火不容”的故事。这女生本来是一位乖觉内向的少女，从小温从听话。上了职业高中后，她原本在学校住宿，家中父母只以为供给她足够的生活费用，让其衣食无忧、安心读书就够了，哪儿能想到她突然间就变了一个人呢？

节目主持人特别善于抓当事人的关键词汇，他问那叙述中的母亲：“女儿咋就变了个人呢？说具体些。”

母亲答：“有一个周末，她回家后，我偶然翻看了她的日记，那上面写着与男生亲吻……”

主持人道：“噢，我明白了。你是不想让她过早地交男朋友。”

母亲答：“我是觉得要交也要交好学生，把握分寸……”

主持人问："你怎么知道她交了不好的朋友呢？"

母亲答："因为她抽烟。好几次，我从她的书包里发现了打火机之类的东西。"

主持人又面向那女儿，好奇地问道："哦，你还抽烟啊？"

女孩嘴一撇冷笑道："都什么时代了，观念还那么陈旧？你问问我们班谁不抽？"

主持人惊诧道："全班同学都抽啊？"

女孩道："除了一两人不抽外，都抽。"——该职业中学这样的氛围叫人震惊！

主持人问："那么母女间的对立就是从这儿开始的吧？"

女孩态度强硬地向主持人控诉道："她从来不鼓励我，不尊重我，偷看了我的日记，骂我不要脸！私自翻我的书包，还打我……"

主持人问："这就是你离家出走的原因？"

女孩答："她不仅打我，还打我的朋友，女朋友！"

母亲抢答："什么女朋友啊！给她介绍保安做朋友！有人还传言她这女朋友与保安……做过好几次人流……"

后面的详细情节我们再没有必要作一一的介绍。就节目中透露出的信息我们得知这位少女既抽烟又喝酒，离家出走后住到了男生家中。连她自己也声称自己已不是原来的自己了，十七岁的她已经受过男友的伤害、抛弃等。然而，她又把这一切都归罪于母亲。说是这都是妈妈不让她到学校住宿、不给她尊严、骂她打她所致。听到此，那母亲一再垂泪，嘴里只是呢喃：“我的心碎了。我的心在滴血……”

尽管在场的观众都不能认同这女孩的观点，人人都同情这位可怜的母亲，可是，从根子上说，这位职高女生走到今天这一步还是与其家长有极大关系。

首先，当代社会要求家长要广闻博览，获取更多的教育资讯。不仅是孩子高中毕业后考取大学，家长要粗略地知道那一所学校侧重哪些专业，哪一所学校的哪一科有提前招生的指标，哪一科有降分录取的可能等，即使孩子初中毕业后住一所职业学校，家长亦应了解这所学校的校风校纪怎样，专业老师水准如何，学习氛围是否浓厚……尤其在孩子刚入学后，更是家长高度警觉的时期。这时候正是他们进入新环境之后自我定位不甚明了之际，交际圈子和价值体系尚未建立。如果此时家长和孩子息息相通，能给予正确的引导，晓之以理，动之以情，孩子就不至于与家长所期望的背道而驰。当然，这位母亲在与女儿的交流上也缺乏技巧。这个问题将在后文中作重点阐述。

其次，家长对职业学校的生源应有明确的认识。不少家长送孩子上职高，并不是家长和孩子特别偏好某项专业技术，而是因为上不了普通高中，万般无奈下选了职业中学。这样，这些孩子自我估价本来就不高，很容易破罐子破摔。一所学校一旦失掉了以学业成绩评价优劣的标准时，所谓“时尚”就特别容易占领这块儿阵地。尤其是未经忧患、没有阅历的年轻人，极容易把“耍酷”、“反传统”作为自己的价值取向，靠这样的出风头来吸引众人的目光。这也是近年来职业学校屡屡闹出令人啼笑皆非的新闻的原因。

此外，除了与孩子多交流，家长还应该与班主任多沟通，及时知道孩子在师长眼中是什么景况，看看他的自我定位与旁观者之间有多大差距。

职业学校的学生沦落到如此地步，除了家长和孩子自身的因素外，另外的责任承担者就当数学校了。我曾听一位亲戚这样数落过一所职业学校，她说：“我把儿子送来，你们教不了他本领，给不了他知识，也不能让他学坏啊！”听了这位亲戚的哭诉，笔者深感这位男孩的误入歧途，学校负有不可推卸的责任。说起来，当初填报志愿时，还是我给这位亲戚出的主意呢，做梦都不会料到是这种结果，真叫人汗颜。我的亲戚两口子都是老实巴交的农民。儿子中考后成绩不理想，他们又不愿承受太重的择校费用，所以就决定让孩子学上一门技术，不用面朝黄土背朝天种地就行。我看这两口子期望也不是太高，就说：如今到处修公路，就让他学筑路机械吧。比如开个铲土机、压道机什么的，不愁找不到工作。这两口子一听，心悦诚服道：“咱村的墙上还写着‘若要富，多修路’哩。开车比扛锄头强多了。再说如今大学生还分不了呢，咱就得选择人家不干的嘛！”果然，这孩子就接到这所职业学校的入学通知书。

孩子入学前，我还向他及其父母透露了这样一个信息，我说：我的一位挚友在某公路局任要职，只要孩子好好学上三年，将来我负责推荐他到这个公路局工作。其实，这也是我让他选择“筑路机械”的初衷。因为我听我的朋友说过这方面的专业人才特别缺乏。

一家三口听后大喜过望，说将来能进了公路局，比念大学还好哩。

谁知第二年的国庆长假过后，孩子的母亲给我打来电话，说学校班主任给家中来了电话，通知她孩子失踪了。班主任说：已经十几天了，都没有见到你的儿子。他上一学期的学费也没交，现在不知去向，请家长火速到校。我的亲戚与我讲述这一切时，声泪俱下。她说孩子国庆长假后走时，她东挪西借给带了三千元。千叮咛万嘱咐让他交了学费好好学习，怎么会未到学校呢？是不是路上遭了抢劫，被人暗算了呢？她两口子都是农民，没出过远门，问我能否陪她去一趟学校。我一听人命关天，就慨然应允。

一路上我反复琢磨这事儿，既是丢了个大活人，班主任怎能这样听之任之呢？到了学校，我就动了个心眼儿，对亲戚道：“咱们先别见老师，到同学中了解了解孩子到底是否返过校。如果有人能证明已经到校，那咱们还要向他们要人呢！”亲戚这时已六神无主，只听我的安排。我们辗转寻到孩子的宿舍，孩子的母亲一眼就认出儿子走时带的旅行袋、围巾。一块石头终于落了地，这说明孩子已然返校。经过深入同学中了解，最终弄清事情真相。原来这孩子上网成瘾，昼夜住在街上某网吧，而且去那里上网的同学不止他一人。

我暗暗观察这学生宿舍的情形，简直不如劣等客栈。地下扑克牌、瓜子皮、烟蒂、方便面残渣，应有尽有；床上的被褥杂乱无章；好几位学生大模大样地当着我们的面吸烟！孩子们倒很义气，他们异口同声说："某某，早来了。他可能在街上那家网吧。班主任也知道！"

这种环境，这种管理，这种学习氛围，班主任推卸责任的做法，真叫人气愤。

可我们见到班主任时，他首先推在我们面前的是孩子不及格的成绩单，反复强调的是他拖欠了学费……

"我把儿子送来，你们教不了他本领，给不了他知识，也不该让他学坏啊……"亲戚欲哭无泪！只会重复这句话。

"快给我们把孩子找回来，我们要领他离开这地方！"我也帮腔助阵。那班主任见我们不好欺哄，这才叫班长租车找人。不到二十分钟，那孩子就被押解回来。然而，呈现在我们面前的孩子简直像换了个人！他蓬头垢面，胡子拉碴，眼窝深陷，瘦削不堪，全不像十七岁的男生，倒像抽大烟抽空身子的人。那母亲不能自持，哭着就问儿子你怎么变成这样。这孩子目光呆滞，一言不发。班长告诉我们说："他大概有十多天扒在电脑前玩游戏，昼夜不停，所以变成这样。"

我克制不住火冒三丈，“既然二三十分钟就能把他找回来，你们班主任为什么不早这样做呢？”那班长笑笑说：“每天都有外出逃课的同学，都租车往回请还行？”

这就是一些职业学校的现状。校规校纪形同虚设，松散混乱。它不像正规高中有高考压力，学生一考定终身，教师的待遇与业绩挂钩，同样有压力，校与校之间有激烈的生存竞争。好多重点高中都是封闭式管理，除节假日外学生不得离校外出。而职业学校呢，没有升学压力，教师在校挣的是死工资，得空就外出兼职，不少教师就是临时聘任的。责任心不强显然是不争的事实！

写到此，我的耳畔又响起这位亲戚的斥责：“我把孩子送来，你们教不了他技术，给不了他知识，也不能叫他变坏啊！”

谁为这些家长们负责呢？真希望能把这位妈妈的呼吁列入教育法典！

高考前的情绪波动

一个顽强的孩子，应该是什么问题都能面对，体现素质教育和升学考试的双赢。

中考、高考，几个小时就决定了一个孩子能否继续深造的命运，有失公平。我一向对“应试教育”有看法，尤其是社会上将高考的关键性炒作得如火如荼，家长们的重视程度更是无以复加。这对应试者无疑是极大的压力。但是，我们在解析应试教育的弊端，批判它不利于学生素质全方位提升的同时，又不能否认考试的作用。具备较强的应考能力，本身就是学生综合素质的一部分。一个顽强的孩子，应该是什么问题都能面对，体现素质教育和升学考试的双赢。

然而在当前形势下，尤其在高考前夕，不仅是考生情绪不稳定，家长也很难安稳。

好多学生的高考失利不是因为知识没学到手，智能差，而是心理失控、情绪波动所致。

这种起伏和波动缘于一次次的模拟考试，也缘于我们的高三年级的老师们只顾了看卷子、关注学生的考分，而忽略了详细地解析学生的心态，及时地把他们的失衡状态调整过来。

我的一位亲戚的女孩，一直是众人心目中的好学生，结果在高考前夕的一次模拟考试中理科综合成绩特别差，这一下使她乱了方寸。这女孩平日几乎是常胜将军，家长对她抱有极高期望，曾鼓励她报清华。这样一来她不仅不敢报清华了，甚至连南开、复旦大学也不敢报了。她的父母为此很着急，就找老师商量。那位老师说：女孩子心理素质普遍差，一到关键时刻就不行了，报志愿时还是保守些吧。

听了这话，家长更是惶恐。他们不能确定哪所高校才是底线，病急乱投医，就找我商量。我说：我对孩子的情况不太摸底，试把她叫来，我和她谈谈。

经过与孩子交谈，我觉得这孩子各科都学得很棒，性格也并非小肚鸡肠的那种女孩。她只是心气太盛，说与其报名牌大学落榜跌得很惨，还不如报一个取分低点儿的学校，风风光光呢。

我一看孩子的心理负担并不像家长所说的那么严重，就信心大增。

我说："你不敢报清华、南开等名牌，说明你对自己的实力还是产生了怀疑。"

她说："对。这一次考试闪得很重。我怕高考时再有闪失。"

我说："你怎么不相信百分之九十九的可能性，要相信那百分之一呢？"

女孩默然，眼里闪着泪花儿。这说明她内心确有解不开的心结。

我说："你从前一路考来，稳操胜券，说是好事也是坏事。因为你没有发现学识上的疏漏，考试就不具有挑战性。不具有挑战性的考试对你来说有什么意义呢？高考前夕，你是希望你不会的问题潜伏起来不被发现呢，还是希望它早日暴露出来被你解决掉呢？"

女孩的眸子忽然清澈，脸一红笑了。

我说："考前发现了问题应该是最大的收获，你怎么可以因此而沮丧呢？如果一遇问题就怀疑自己，早晚会垮下来的。"

听到此，女孩一身轻松。到她离开我家时脚下也有了弹性，周身充满活力。结果，这一年她以超出清华录取线十五分的骄人成绩考取了天津大学（她父母的心态没调整过来，加之老师也赞同报得低些，第一志愿就报了天津大学）。

其实，经过三年多的拼搏，高考前夕谁能考上哪一类的学校基本已成定局，考场上能否发挥好，关键是心态。一位哲人说得好，"你的心态就是你真正的主人。"对模拟考试中出现的问题，要换个角度以积极的心态来看待。你庆幸问题的出现，积极去解决它，你的思维、你的情绪就是昂扬向上的；你沮丧、你惶恐，想逃避和退缩，你的情绪就会一落千丈。这种退缩和逃避一旦形成规律，随之而来的必然是成绩的大幅度下滑。

常常听到家长们这样说：我家那孩子，小学时怎样怎样好，初中时又如何如何出类拔萃，中考不费吹灰之力考上了重点高中的重点班，可到了高中一不留神就退步了，一直往下滑，这到底是怎么回事呢？

这正是上面我所讲到的那种情形，正因为初中时是好学生，没有受过挫折，所以这种孩子尤其经不起打击。再加上过去的桂冠、以往的辉煌还老在他头脑中作祟，他常常会自己骂自己：怎么你会糟成这样！越是沮丧，越是惶恐，越是滑坡，这种后退就变成规律性的趋势了。

我曾经遇到过铁路中学的一位学生家长。她说她儿子从小学到初中是如何的乖巧、懂事，可就是在考上高中后生了场病，也才误了半个多月，但后来就怎么也赶不起来了，成绩一直下滑。也曾请家庭教师辅导过，不管用；后来他觉得没脸见同班的师生，升高二年级时转了学，但还是不管用。现在已经倒退到四十多名了，他是好歹不想上了，想留级重读一年级。这可该怎么办呢？

我说："假若他留了级，依然下滑，那又如何？"这位忧心如焚的母亲泪流满面道："就是怕这结果啊。"

我问："他们班有多少名学生？"那母亲说："六十三名。"我说："他是四十名。那他后面还有二十三名呢，不算最糟糕啊。"那母亲苦笑道："你要知道这孩子从小心强，人家可是人上人啊。再说，等滑到倒数第几时，怕他连寻死的心也有呢。"

我一听他母亲说的"没脸见本班同学"，以及她把儿子定位为“人上人”，就知道这一家都陷入了心理的误区。他们的思路还停留在小学、初中的优秀成绩上，不切实际的高标准、虚幻的辉煌在折磨着母子的心灵。

我说：“你的儿子升入高中，你就应该提醒他，过去的成绩只能说明过去，你已经站在一个新的起点。经过激烈的竞争考入高中的同学，哪一个不是佼佼者呢？在新的集体中他的归属感还没有建立时，又生了一场病，耽误了半个多月。这就更不能用‘人上人’的尺度来衡量了。我们都是肉体凡胎，怎么可能永远是人上人呢？你用不符合实际的高标准来衡量他，得出了错误的结论，说他‘退步’、‘下滑’了；这错误的结论又时时暗示他‘你不行’，难怪他越来越没有自信心呢！”

他母亲觉得这话有道理，就急忙问道：“那今后该怎么办呢？”

我说；“你规劝孩子，作为男子汉大丈夫，别在乎一时的荣辱。我们不妨先接受这样的现实：我就是四十名。然后在四十名的基础上攀登。你回去问问他，可不可以先超过那三十九、三十八名呢？”

那母亲仿佛对三十九、三十八名了如指掌似的，连连说：“我估计超她俩没问题！”

我说：“假若这小小的超越一旦成功，你们就好好庆祝一下，鼓舞鼓舞士气，以此为突破口一个一个超越。一旦体验到成功，相信他从前的实力会发挥作用的。这才高二，离高考还有五百多天呢。只要形成奋勇向上的势头，前途不可限量哩！”

……

我们的应试教育，确实有这样的弊端。一次次的模拟考试，把孩子们变成了只关注考分的考试机器。弄得好多人脆弱、木讷、思维简单，不会换个角度思考问题。重点中学的重点班的老师们，由于班容量大、课业负担重、面临着高考的压力，缺乏精力做过细的心理分析，往往是一言而蔽之：“胜败兵家常事，要提高自己的心理素质！”到底怎样来提高，心理症结在哪里？孩子自己一般都很茫然。所以说明智的家长，首先应挑起担当心理医生的重任。毕竟自家的孩子自己知底。

到底是谁干扰了你

有太多的“噪音”不是来自外界，而是来自于我们自己的内心深处。我们虽然屏蔽了一切外界干扰，看似杜绝了所有的噪音，然而却造就了他心理素质上的更大漏洞：对任何噪音都特别敏感。

有一年高考，某重点中学爆了冷门儿。平日最被看好的、准备报清华的女生考了数学下来，哭得一塌糊涂，几乎将继续拼搏的斗志丧失殆尽；而另一位远不及她的男生反倒说自己越做越顺手，只要运算上不出纰漏有望满分。最有趣的是他俩在同一考场的同一纵列上，中间只隔着一个人。那女生说她之所以没有考好，正是因为她背后——也就是他们之间的那大个子男生影响了她。前面的小题她一直做得比较顺利，当做到大题时，听见后面的大个子似乎用手指扣桌面，她便担心他是在传暗号想得到她的帮助。一会儿又没有动静了，好不容易排除了这种干扰，她刚刚进入正常状态，又听见背后窸窸窣窣，似乎在收拾试卷。一看手表，果然时间已过去一多半了。强稳着自己继续往下做题，又听见背后的男生离座，已经交卷。她这才意识到人家做得潇洒，自己落后了。这一慌不要紧，心跳手颤，后面最拿分的那道题，怎么也解不出来了。当她哭诉这一切时，同班的那男生笑道；“你怎么会在意他呢？人家压根儿就没想得高分。他是体育考生！”

可见，干扰这女生的并非大个子男生，恰恰是她自己。

确实，有太多的“噪音”不是来自外界，而是来自于我们自己的内心深处。我们可以清晰地分析出这位高才生在高考中面临的几种噪音：

（1）恐怖的噪音：十年磨一剑，这可是关键的一搏，在高考中千万别出意外。在这种心理支配下，她不敢与周围的同学交换任何信息，生怕别人不遵守考场纪律，打扰自己。可恰恰在这种心理暗示下，就出现了“打扰”的情形。

（2）攀比的噪音：天哪，人家做完了题，交了卷。可我怎么这样不顺手呢？在这种比较下，自信心土崩瓦解，精神涣散，斗志全无。

（3）失落、自卑的噪音：这可是一道大题啊。完了，全完了。一旦在失落感极强的情绪中患得患失，臆想中失败的后果已占据了全部脑海，根本无法来做题了。

（4）内疚的噪音：如何对待父母的含辛茹苦？如何面对师长们的栽培和信任……这种沉重的压力既是种种噪音的源头，又是结尾。

有人会说上述失常的情况是有，但那是个别现象，这学生的心理素质不行。瞧人家篮球明星姚明，乒乓球冠军邓亚萍、王楠，人家承担的那是什么压力，运动场上千人呼喊、万头涌动，那是什么噪音，人家就不为所动啊。

自然，世界级的顶尖人物，其心理素质是我们普通人难以企及的。但他们超常的心理素质也并非与生俱来。笔者曾在电视中看过他们的训练实况，在平日的练球中，训练馆内就播放着嘈杂的呼喊声来模拟比赛场面；出国比赛前，为了适应“倒时差”的问题，他们常常白天休息，夜里练球……此外，从十一二岁开始，他们就离开父母，接受特殊训练。在教练的严格要求下，“冬练三九、夏练三伏”，磨砺意志；球员不光是练球，还要跑步、举重、练弹跳……可以这样说，他们的心理素质是从孩提时代就开始的摸爬滚打中千锤百炼造就的。

那么，再返回来看看我们的家长是怎样充当“学习教练”的。

只要孩子放学归来，我们就赶紧关了电视。一则怕孩子看到电视中的有趣节目放弃学习，二则怕电视中的声音干扰他专心读书、做作业。孩子一旦摊开书本练习册，家长们连走路、说话都是轻言慢语。经济条件优越的家庭，更是在孩子的书房中装了空调，保证孩子舒适的环境。孩子升到高二年级，有条件的家长就在学校附近租了房子，通常由母亲全职陪读。上了高三，饮食也分外注重，不时补充营养品等。某天，孩子脱下一条不小心弄脏的裤子，刚要动手自己洗，母亲会说：“你放着吧，妈妈来。这可是关键的一年。除了学习，妈不要你操任何心。你要能像谁谁家的孩子一样，考上重点大学，毕了业进了外资企业，自己买房买车，妈妈当牛作马都情愿！”

我们虽然屏蔽了一切外界干扰，看似杜绝了所有的噪音，然而却造就了他心理素质上的更大漏洞：对任何噪音都特别敏感。

这里，有一个可笑的故事特别引人深思。一个中学生放假回了农村，本来想干地里的农活，或者陪同做木工的父亲打打下手，体验一下另一种生活，可父母却把他关在家中让他复习功课。一天中午，父亲在邻居家干完活儿洗手，好歹记不清把手表摘到了哪里。邻家父子三人也替他寻找，刨花堆中、柴火底下，哪儿也找不到。开午饭时，邻家邀那中学生也过来吃饭，那中学生一进门就听见卷尺下有手表走动的声音，立即找了出来。众人都夸赞：“到底是高中生，头脑聪明，耳朵也灵便。”那父亲却阴沉了脸道：“他在听老师讲课时能有这么灵就好了！”这孩子便对父亲坦白道：“你们众人手忙脚乱，只顾了丢表的后果，思维一乱，就顾不上听表的声音。这和我听课听不好是一个道理啊。我又怕老师的当堂提问，又觉得学不好对不起你们，‘学不好怎么办’的问题占据了脑海，注意力自然就不集中了。”

是啊，为什么手表走动的声音不能进入邻家父子的耳朵？因为找不到手表的后果严重性在他们心里已占了第一位：人家为咱干活儿把手表丢到咱院里，如果找不到，这不是说不清楚了吗？——这就是发自内心的噪音。

同理，对一个学生来说，“学不好怎么办”的问题在心中占了第一位，注意力就很难集中到怎样学习上了。可见，家长们的驱寒避热、轻言慢语、反复叮嘱、患得患失，都可能成为孩子内心的纷扰。即便有的孩子愿意接受父母亲如此的呵护，那就得连外界噪音的不耐受性也同时领受了。何苦呢？

备战高考

——理智的关怀更有效

一个经常受鼓励的、快乐自信的中学生，一定会比听够了爸妈唠叨、不愿回家的中学生心态好。心态好就容易把苦日子过甜。

孩子进入高三，父母往往就着了急。我曾亲眼目睹一位朋友，偷偷地趴到孩子所在教室的窗外，窥视其子读书的情形。被孩子发现后，母子关系闹得很僵。因为家长的不信任，使孩子在同学面前丢了面子，敏感的高中生认为这是向他的自尊宣战。家长这样的关心适得其反。还有的家长是压抑不住自己的不安和焦虑，借关心的形式，把自己的情绪都发泄到了孩子身上。孩子放学回来，刚刚在父母打开的电视机前驻足，家长就说："高三了，冲刺阶段，不许贪恋电视了。"某天，在放学的路上，望见儿子（或女儿）与一位女同学（或男同学）相从过密，言来语往，做爸妈的往往又是如临大敌，孩子一进家门，就盘问、告诫、劝说。最要命的是，学校模拟考试分数下来，父母诘问："怎么又倒退了？某某考多少？人家先前还不如你呢！怎么就被超过去了？"

父母须知：这种唠叨和挑剔带给你爱子的伤害，恰如火上浇油，甚至比你的冷漠的后果还要严重。因为失败带给孩子的烦恼本来就困扰着他，你又拿一个超过他的同学来与他比，这等于拔起他心灵中的自信之树，代之以自卑。

唠叨和挑剔有害，过分的嘘寒问暖、改善饮食、买营养品也不是良方。后者与前者相似，同样显露了家长内心的不安。而反复地叮咛如“注意身体！一定要放松。考好考坏没关系，明年还有机会”其实是从反面印证了家长的在意和重视。这是另一种方式的唠叨。并且，家长的体贴有加，常常使孩子产生负疚和自责的情绪。

我在中学教了 12 年书，带过几届高三学生。不少学生考前的恐惧往往不是来自高考本身，倒是来自无法面对父母的压力。

高三阶段，随着高考的临近，同学们进入紧张的备考状态。班内的空气必然是你追我赶，竞争激烈。孩子感到压力大、心情紧张，这是很正常的。心理研究发现，适度的心理压力会转化为动力，有利于学习效率的提高，有利于复习和备考。当然，紧张和压力超过一定限度，就会适得其反。

家长的作用在于为孩子营造学习和生活的平静港湾，营造一个宽松愉悦的家庭环境，使他能从强烈的竞争氛围中走出来，放松紧绷的备考弓弦。所以，有理智的父母总是“内紧外松”，淡化高考的氛围。孩子回家后让他听听音乐，打打羽毛球，或者帮大人上街买点东西。只有张弛有度，才能调节好孩子的心理。而健康向上的心理状态是复习、考试的必备条件。

设身处地想想，在把分数作为衡量学生能力的唯一指标的考试制度下，人人都有压力。尤其对于涉世未深的高三学生，此刻就是他们憧憬和向往了十多年的实现自我价值的机会。所以，学习成绩优秀的担心圆不了清华、北大梦，学习成绩良好的担心考不上理想的学校、进不了理想的专业，中等偏下的又担心上不了本科分数线……患得患失之心驱使他们常常出现情绪的波动。某次模拟考取胜，会使他们兴奋异常，自信心大增；某次考试突然比自己预想的差得太多，又会觉得自己付出的辛劳不见效果。于是他们在苦闷中对自己的能力发生了怀疑，认为自己不是考某某大学的料，自卑感就生发出来。人人都有不同程度的紧张、厌倦、失意和焦虑。

要让孩子减轻心理压力，家长必须对孩子的心理状况心知肚明。同时，家长首先要减轻自己的心理重负。

怎样才能减轻心理负担呢？说到底，一切负担都来自得失之心。得失之心太重，就容易出现紧张、恐惧和焦虑；得失之心变成平常心，就会按部就班，循序渐进，轻松愉快进入良性循环。

首先，做父母的应当很理智地为自己的孩子“定位”。要多与老师联系，知道孩子发挥出自己的潜力会进入哪个档次，超常发挥会进入哪个档次，一旦有闪失，又会是什么情况。这时，你宁可估计得低点儿，也不要不切实际地拔高。为了卸掉身上的重负，也就是减轻得失之心，你不妨采用“极限思维法”，设想出最不理想的结果。无非是今年考不上理想的学校，明年再考一次吧。晚走一年，既让孩子经受了考验，说不定考上的学校还会上升一个档次呢。得失之心一旦抛弃，你会发现，现状本不是那么悲观，因为孩子只是某两门功课拉了后腿，另几门功课还不错呢。只要鼓励他调整一下复习计划，查缺补漏，把较差的那两门狠狠补起来，前景很乐观呢。如果每门功课都能提高 5~10 分，奇迹可能就会出现哩。

考生本人也是如此。我在 1963 年中考时就出现这样的情形。由于父母一直灌输小学、中学、大学的一条龙的教导，不自觉地把取得高学历看得如生命般重要。那时的客观环境又差，初中老师领我们乘火车到陌生的考区，好几个乡镇的考生睡在一个大教室里。褥单下面铺着稻草，稻草里蚂蚁、臭虫，不一而足。心情的紧张加上臭虫的“惠顾”，好多人一夜未眠。本人又是得失之心最重的一个。第一堂考数学，上了考场看着试题茫然不知所向，只听见心咚咚地跳，脑子里昏然一片，手抖得不能握笔，一切都停止了运转。直到时间过去一半儿，冥冥中有“换元法”解分式方程的技巧闪现在脑际，才急急忙忙解出一道题。以此为契机，大脑一下透亮，发现所有的题自己都会做。这才从易到难嚓嚓地演算开。然而，只做了一半多点儿，收卷铃声已经响起了。一下考场就哭，因为平常考试从没像这天这么惨过。老师们是那样把自己当成好苗子栽培，家长又那样抱着希望，真有种痛不欲生的感觉。我以为一切都完了，再不想上考场。这时，带队老师就及时安慰并鼓励我：“即使考不上，你也要证明自己的实力。再不上考场，就证明你原本没有追求！”听了老师的话，我没有放弃。因为断定自己考不上了，也就没有负担，后面的几门功课反而考得特别轻松，发挥得酣畅淋漓。结果总分还不算太差，被我所填报的高中录取（事后，据参加阅卷的老师说：数学考题较难，能上 50 分，就有录取希望）。

虽然已经是 40 多年前的经验，但是应试教育的体制至今没有根本的改变；某种程度上，当今考生的压力比起当年有过之而无不及。我的经验是，凡是在竞赛的场合，都不要想“如果怎样怎样”。踢足球的，着眼点只应在每一个球的处理上；平衡木运动员，注意力应集中在每一个动作上。这才是一个运动员应有的素养，也才能发挥出你的最高水平。

做父母的也要少与孩子讨论“如果怎样怎样”的问题，不妨先努力耕耘，不计较收获。把考时当成平时，平时当成考时，帮孩子紧张而愉快地过好高三的每一天（不计较得失，反而会有大收获）。

其次，如果父母中有高中以上学历的，而且也有较宽裕的时间，你不妨走进孩子具体的复习领域。选择一门你过去学得好的功课，也来个备战高考，体验体验孩子的甘苦。我曾见过一位小学语文老师，她正是用这种“换位法”把自己摆到了孩子的位置，不仅使自己融入考试氛围，排除了莫名的忧愁，而且与孩子加深了沟通，帮孩子理出了复习头绪，使孩子顺利考入了理想的大学。

她认为，除了得失之心以外，高三学生之所以容易产生苦闷、紧张、焦躁的情绪，还在于掌握知识不系统，思维没条理，复习起来“老虎吃天”，无处下口。就比如语文，涵盖古今，囊括中外，怎么复习，茫无头绪。

她通过分析高考信息（教学大纲、考试说明、教育部考试中心负责人有关考试的讲话以及近年的语文高考试题），大致预测出当年的试题走向，和孩子一起研究、讨论：

（1）作文命题很可能有三种形式：A、热点类话题，比如时尚、生命科学、环保等。B、材料作文：给一段文字，不设主题，不限体裁，自由发挥。C、具有开放性，又有一定限制的话题。比如中国球员走出国门的得失，自费上大学的利弊，可以举出具体题目让孩子广开思路，家长与他一起讨论。

不管哪类题目，都要注意：①审题，准确把握题目的要求。②注意文章的要求、字数、体裁。③书写要工整，一个格一个字。④尽量拟个好题目，先声夺人。⑤文章要紧紧围绕一个中心。

（2）语文基础知识和基本能力的测试：A、注意词语的准确运用，并注意该词语在具体语境中的意义。比如上文所说的

“臭虫的惠顾”，这里的“惠顾”其实是“骚扰”的意思。这里仅仅是幽默的说法，但“惠顾”本身绝不等于“骚扰”。近义词的使用不仅要注意词义的大小、轻重、范围、感情色彩等因素，还要注意前后词语的搭配。成语的使用，不仅注意它的基本意义，还要注意它的附加意义。对待此类考题，家长和学生平日就应提高自己的语言表达能力。读书、看报时及时发现语言应用的不规范处，比如有人爱把“百忙中抽出时间”，说成是“抽出百忙的时间”，这就是语病。高考试题中的一些错误事例都是从生活实践中摘取的。B、文言文阅读是传统试题，一般是300~400字的记传性文字。C、自然科学类的阅读文章是语文高考试卷的重要组成部分。它思维容量大、覆盖面广，考试时阅读要耐心、仔细，逐段搞清楚什么意思，然后在总体上把握。D、名家名篇的鉴赏一般只限于诗歌，平时要注意领悟诗歌的意境和诗人创造意境的方法。

这样一归纳，孩子的复习、准备就有了纲目，纲举目张，他所学过的知识就会像装在网兜中一样，被一下子提了起来。同时，家长还可以启发孩子，把其他功课也列出纲目，明察一下自己在哪一个环节比较薄弱，就攻下那个环节。这样的复习就会减少盲目性，增强主动性。有了成就感，孩子就会增长自信。从而变“苦学”为“乐学”。

此外，考前要注意下述十一条事项：

一、不宜放弃体育锻炼。如果说最后的学习成绩有十分，那么，好的精力和体力应当在其中各占至少二分的比重。不重视体育锻炼是不科学的，体育锻炼会休息脑力、增大胃口、改善睡眠，看似浪费时间，其实会赚回更多。但是，运动量要适当，不宜从事过于激烈的对抗性运动，一定要注意安全。

二、提前熟悉考场，充分做好利用交通工具等方面的准备。

三、写出需带物品一览表，并做好充分准备。

四、不宜违背平时的作息规律，特别不宜考前开夜车，也不宜乱吃安眠药。即使头天晚上没休息好，也不要放在心上。因为年轻人有足够精力在这样的情况下再奋战三四个小时，很多时候疲劳是心理负担引起的。

五、遵守考场纪律。

六、解答问题从易到难，会做的题要力求准确无误，每分必争。

七、遇到难题，会做一步就做出一步（要取得步骤分）。不要因为题难就影响自己的情绪，你觉得难，对别人也是一样难。

八、试卷要整洁，字迹要工整。要用你的认真态度征服判卷人。

九、充分利用所有的时间，不要早早交卷。

十、考过一门后，要“过后不思量”，面向下一试。哪怕前面的感觉再糟，也决不轻言放弃。

十一、家长不要给孩子吃过多高脂肪含量、难消化的东西。膳食结构应合理，尽量与平日的生活习惯没有太大差别。

总而言之，家长的关怀一定要是理智的关怀。比如，即使你了解到你的孩子真交了异性朋友，也别大惊小怪，完全可以用温和的方式达到你的目的。比如你这样说：“备考阶段，找一个切磋的伙伴非常重要哦，爸爸（或妈妈）那时就这样。但这个人选一定要合适，尽量选比自己考分高的，学习方法科学的，乐于助人的——某某的妈妈曾夸奖你善于结交朋友哩。”要相信你说过一次，孩子已记在心中，再不要重复第二次。因为在紧张的备考阶段，即便男女同学间有好感，交往比一般同学多些，他们亦没有闲暇更进一步。父母的反复敲打，只会把他们固有的交往模式打碎，反而让孩子在异性面前别别扭扭。须知有异性的钦慕，会增加他们的自信呢。互帮互助、友爱融和的同学关系往往会减轻孩子的心理压力，让他们在宽松友爱的氛围中复习，提高学习效率。一个经常受鼓励的、快乐自信的中学生，一定会比听够了爸妈唠叨、不愿回家的中学生心态好。心态好就容易把苦日子过甜。理智、适度的关怀才能成为孩子成功的动力。

高三学生与电视

机遇属于有准备的头脑，机遇属于有知识储备的人。如果把这些大道理告诉孩子，他未必能注意，但陈章良的实例却能使他刻骨铭心。

孩子上了高三，有的父母就干脆不让孩子看电视，怕影响学习，浪费时间。这种做法既不尊重孩子的人权，又有点儿因噎废食。

那么，是不是自由放任，不加选择地让孩子看电视呢？当然不是。父母的责任是要规劝、引导孩子看有价值的、对孩子的成长有益的、对孩子的学业和高考有帮助的电视节目。比如：电影频道不必光顾，电视连续剧不必看，因为这些东西多属消遣，价值不大，而且太长，占用时间太多。但是新闻联播就可以看，《东方时空》、《焦点访谈》、《实话实说》这些节目都有必要看。高三学生与大学生之间只差跨过"高考"这道门槛儿，一经跨越，便是成人了，应该关注时事政治、关注中国和世界的杰出人物、关注社会热点话题。

从某种意义上说，孩子可以从这些节目中汲取精神食粮。

比如《东方时空》中的"东方之子"栏目，它报道的是在不同领域内有杰出贡献的人，这些人的坎坷经历、超乎常人的意志都是现成的活教材，他们对孩子的激励和鞭策或许会胜过家长的千言万语。记得2002年高考前夕“东方之子”曾介绍过中国农业大学校长陈章良先生。陈先生出生在福建的一个贫困村庄，片子中出现了他家乡的穷山恶水，出现了他的乡亲赤着双脚赶着水牛在泥水中犁田的镜头。陈章良立志要改变这种生存状况。他发奋读书，准备报考农业大学，然而没想到录取他的是海南岛的一所农学院，而且学的还是橡胶专业。现实与理想差一截距离，坚持读书，还是放弃这个机会呢？陈章良没有放弃。在众乡亲的资助下，他去了这所农学院读书。结果在这所不出名的农学院里，陈章良学出了一流的成绩。当时适逢改革开放初期，陈章良走出国门，赴美留学，又取得优异成绩。他告诫莘莘学子的三句话，我至今记忆犹新：

不论你的家境怎样贫寒，你都不要放弃。

不论你喜欢不喜欢这所学校，你都不要放弃。

不论你的专业对不对口，你都不要放弃。

机遇属于有准备的头脑，机遇属于有知识储备的人。不放弃终会有成果。如果把这些大道理告诉孩子，他未必能注意，但陈章良的实例却能使他刻骨铭心。

中国女篮在亚运会上一举夺魁后，“东方之子”又介绍了女篮教练宫鲁鸣先生。宫鲁鸣原来是国家男篮的一名球员，打球讲究技巧，很有智慧，但终因1.72米的个子“从巨人中走出”，离开国家队，成为国家队娘子军的教练。他以另一种方式向自己宣战，不断超越，同样走上了冠军的领奖台。宫鲁鸣的这段经历不也很有教育意义吗？

高三学生看这些节目，不仅可以收获激励，还会获得对他们跨越高考这个“槛儿”的很实用的帮助。

比如，现在的高考作文题，不限文体，给学生的自由度非常宽。但这不等于降低要求，它要求深刻、丰富，有文采、有创新。这其中的创新就要体现独到之处，体现个性，体现联想的力度和灵气。高三学生如果闭目塞听，整日钻在课本、复习资料中，何来联想力度呢？

在我当语文教师时，常常看到这样的情形：有的学生一看作文题目，酝酿片刻，便洋洋洒洒，下笔千言；有的学生绞尽脑汁，却没什么可写的。前者的文章往往观点明确，视野开阔，有独到的见解。后者的文章即使有明确的观点也往往是论据不充分，要不就是人云亦云的大路货。原因何在呢？就是因为后者看的东西少、读的东西少、知识储备不足、生活积累不丰富。

高三学生备战高考，任务重、时间紧，一般是顾不得看电视的。如果孩子是走读生，早、午、晚三顿饭在家里就餐，那么家长就不妨在吃饭时，打开新闻节目，一家人一边吃饭，一边看电视放松。同时，家长也可以轻松地与孩子闲聊：巴以冲突发展到什么地步，陈水扁、吕秀莲近日有什么言论。在不知不觉中给他些时事政治方面的知识熏陶。

当然，如果孩子本身就拒绝看电视，那也不必勉强。如果你希望他了解些时事政治，就摘选些（或剪辑些）报纸放在他床边，让他临睡前消遣。如果想为他写作文提供些思路，就与他讨论些社会上的热点话题，比如柯受良在1997年香港回归时驾车飞越黄河，有特殊的纪念意义；接着农民朱朝晖向柯受良挑战，两年之后又驾摩托飞越成功，并在壶口瀑布举行了婚礼；后来，又有某青年要骑自行车飞越……可以让孩子谈谈他对“飞黄”的看法。

探讨这一问题，必然又引出很多话题。有人会说：朱朝晖飞黄，大长农民志气。有人会说：超越极限，证明生命的价值。有人会说：黄河在断流，你们却飞来飞去，简直是对母亲河的践踏。也有人会说：中国人干什么都是一窝蜂蛮干……

如果孩子能把种种论点都想到，就夸他想象力丰富，让他选择最佳角度构思自己的文章。这样在闲聊中就有了作文训练。

总而言之，最要不得的态度就是孩子一回家你就赶紧关电视。这样如临大敌，势必造成紧张空气和两代人之间的对立。

既要顺其自然，又要尽心尽力，这就是当父母的最佳选择。

作文辅导，家长和老师要传好接力棒

从简单到复杂，这一过程中有一个“度”的把握，太难同太易一样，都是孩子完成飞跃的阻力。

从事文学创作后，常碰到中小学老师和家长问我：该怎样辅导学生写作文呢？有些学生一看到作文题就发愁。

为什么发愁？按学生现有的文化程度出了题，能写的文章不能写，未动手就先输了胆，这就是心理障碍。有心理障碍不能怪学生，因为这障碍往往不是来自孩子自身。

作文辅导，应该是爸爸妈妈（文盲除外）、小学老师、中学老师的接力棒，从孩子识字开始就“各就各位”，12 年长跑，接力棒一直传下去。结果，我们常常在某个关键环节疏于职守，不自责，反而怨孩子：一样的题，为什么别人会写，你就不会？给孩子的畏难情绪中再加点自卑的催生素，助长着障碍的发展。

可是，你知道别的家长在孩子的课业上下过多少功夫呢？

我曾接触过一位小学模范教师，她讲了怎样与家长配合、从小就辅导孩子“写话”，由“写话”向写作文过渡的过程，感受颇深。

她说她是农村小学的语文老师，学生的家长一般也就小学、初中的文化程度。文化水准是低了点儿，但没有关系，丝毫不影响他们当孩子写话的启蒙老师。

她说，按照语文课本（80年代），小孩子入学后，首先学的是“大小多少、上下左右、人口手脚、爸爸、妈妈、牛马猪羊”等，一个月之后，就可以布置作业：回家去看爸妈在干什么，自己试着写上一句话告诉老师。不会写没有关系，让爸妈帮帮忙。没学过的字可以画圈儿、画三角形代替。事先，老师可以举一个例子，比如：妈妈○猪。“喂”没有学过，画了圈儿（三角形符号△也要让学生认识）。

初生之犊不怕虎。孩子们一点儿也没有畏难情绪，甲写“爸爸○羊”，乙写“妈妈○鸡”。也有写“妈妈○△△”的，你问这孩子两个△代表什么，他说是老鼠。噢，原来是妈妈药老鼠。还有写“妈妈○爸爸”的。你问她这是什么意思？孩子说爸爸患了重感冒，妈妈在喂药。有一点儿与众不同的，老师就大加表扬——有的很可能是爸妈的功劳，但我们没必要太认真，可以先把成绩归功于学生，重要的是扫除心理障碍，让孩子轻轻松松写话。字认得多了，老师的要求就要适当提高一点，老师说：“以前的一句话仅仅是四五个字，我们可不可以写得详细些呢？让爸爸、妈妈帮帮忙，写一句长点儿的话。”

孩子放了学，说到自己的作业，家长家务再忙，也应有“接棒”意识。因为从简单到复杂，这一过程中有一个“度”

的把握，太难同太易一样，都是孩子完成飞跃的阻力。家长要尊重孩子的思维惯性和认识规律，帮他完成这一过渡。比如：可以是前边的话的重复，写成排比句：早上妈妈○猪，中午妈妈○猪，△上妈妈○猪，妈妈一天○三回猪。“妈妈一天○三回猪”这句话就有了总结的意思，这就是进步。再比如：爸爸左手○水，右手○草，叫羊又吃又△。这句话打破了前边的语言模式，已有了描述的味道，老师更应表扬。看过学生的作业后，老师可以提示：“爸爸、妈妈辛苦不辛苦呀？”孩子们必然回答“辛苦！”老师就说：“那么我们还可以加上一句‘爸爸（妈妈）多辛苦啊。’”把孩子自身的感受也加进去，就完成一个思维的飞跃了。

这样一周写一句话负担也不算重。由一句再到两句、三句，逐渐到一段话，不知不觉就养成了记周记、日记的习惯，慢慢儿就进入作文的氛围。时间久了，学生自己就不满足于画圈儿代替生字，先用拼音代替，再问父母某字怎么写。针对他们认字的欲望和兴趣，接着就可以教他们使用小学生字典了。

据这位老师说，当别的班到三年级开始训练写作文，老师苦于学生无话可说、作文太短时，她的学生已洋洋洒洒，欲罢不能了。

我曾问她：“是不是此时就可以教学生文章的剪裁和谋篇布局了？”她说：“别急，那种技巧可以留给中学老师。”

她的做法是引导学生从观察家居的日常生活到观察自然、

社会生活。旨在告诉学生：大太阳的夏天、黄叶飘零的秋天、夜里的风、流动的光、闪烁的星辰、鸟语和虫鸣，自然界的一切都可以入文。同样，荷锄的农民、借钱落空的妈妈、妈妈脸上的愁容、贪了酒的爸爸、邻里的关怀、得了高分受表扬后的弟弟、可爱的和可厌的笑声、社会生活中的喜怒哀乐，也无一不可以入文。只要学生毫无顾虑地写，海纳百川地吸收，小学生的文章不要怕长。学生文章的“短—长—短”（从无话可说到什么都想说，最后到精练）是一个漫长的过程，必须由几任老师和家长协同完成。

如上所述，学生作文水准的提高是一步一个脚印的，这其中小学老师起着开路先锋的作用。但事实上，初中老师接手的学生往往达不到这样的水准，而高中老师接手的初中生也经常达不到初中应达到的高度。

这也不能怪老师。因为多少年来，学校衡量老师优劣的尺度，一直服从于应试教育的体制。重点中学的每个班级都有高考达标指数，这个班超标了，班主任、科任老师就获重奖。小学也如此，你所带的班统考成绩高，班主任和科任老师就是无可争议的好老师。

为了应付高考、中考，平日就常进行模拟考试。阶段性教学成果的检测，也取决于班级平均分的高低。考分定乾坤的做法，无形中就影响了对真实的教学成果的评价。而作文辅导需要一个“成果隐蔽期”，远不是一个字连写五次，正确就给个对号，错就打个叉那么简单、那么容易生效。再加上小学升初中，作文分数远没有语文知识占的比例大，那么，除了对作文教学痴心挚爱的老师，谁愿意出力不落好呢？

况且，在小学，语文老师往往兼任班主任，教学和管理的重任常常使他们分身无术，他们辅导学生难免流于只抓共性、忽略个性的程式。

常言道：知子莫若父，知女莫若母。自家的孩子自己最了解。所以最好是父母配合老师，共同来提高孩子的作文水平。

那么，如同上文所述，孩子的作文基础已经出现亏空，还能补得起来吗？答案是肯定的，只要方法正确，初中加高中六年的光景，孩子的作文能力是会提高的。

我认为，要想得到写作题材，首先要提高孩子的观察力。人的主要知识都来自观察，观察是学生认识世界的重要途径。

节假日时，可以领孩子到郊外，春天看残冰的消融，看冰下潺潺的流水，望农田的返青（体会“草色遥看近却无”的诗句），观察小草如何破土而出、枝头小鸟如何一唱一和。如果大人知道苏东坡“花退残红青杏小，燕子归来绿水人家绕”的诗句，可以背出来，与孩子一起品味早春与晚春的细微区别。如果遇到驱车送肥的农人，可以驻足攀谈，让孩子观察一下农民的衣着、表情。回到家，就可以以《春》为题，让他写一篇日记。当然，秋天有秋天的硕果累累，冬天有冬天的寒风凛冽，都可以带孩子细细观察，写出文章。

如果生在城市，可以领孩子去看画展，让孩子体味西方油画和中国工笔画的区别、花鸟画与山水画的区别；说出为什么油画宜远看，工笔画宜近瞧。体会了展厅的艺术氛围，也可以到喧嚣的街市转转，观察一下行色匆匆的行人，瞧那刚走出饭店的酒足饭饱者，是怎样红光满面，腆着肚子，用牙签剔着牙缝儿，脸上洋溢着满足。而那外地来的民工，是怎样转转这个地摊，又到另一处讨价还价……

只要父母亲稍稍留心，随时都可以发现“活教材”。记得大概是20世纪70年代后期吧，我领孩子在小镇的河边散步，突然听到高音喇叭响了起来，噗噗几声后，一个高嗓门喊道：“喂，喂，全体社员同志们，现在，马上到猪圈。啊——这次必须人人到会，商量割青草、压绿肥的事。啊——上级有任务，上至不死的，下至吃屎的，一颗人头五百斤……”

我让孩子驻足细听，分析这段话有什么语病。孩子马上就找出：“现在”和“马上”两个词重复。“一颗人头五百斤”应该是“不论年龄大小，每个人五百斤草”。我说：还有个重复处，前边如果用了“全体”，后边就不用加“们”了，两个词都是表示多数，这也是重复。

孩子又问：“马上到猪圈”是什么意思呢？我说：这句不算语病，原来的猪场现在被大队部占用，这在修辞手法上叫“借代”。

回了家，我让孩子就此写一篇文章，孩子不仅顺通了高音喇叭里的病句，还加了自己的评论。

所谓观察，也并非只是用眼睛看。要让孩子尽可能多地调动感官参与活动。

与观察力相应的，就是要提高孩子的感受力。什么是感受力呢？前边讲过，那位小学教师让孩子“写话”，孩子所写的“妈妈早上喂猪，中午喂猪，晚上也喂猪”仅仅是孩子观察到的现象，最后老师问：“妈妈辛苦不辛苦呀？”孩子又加一句“妈妈多辛苦啊！”这就是感受。当然，这种感受还是表层的、肤浅的。所谓提高感受力，就是要提高感受客观事物的力度，情景交融地加进自己的主观色彩。观察的阶段是看山是山，看水是水；感受的阶段就是在山水中又寄托了自己的情思。比如在王实甫的《西厢记》中，崔莺莺与张生送别时，莺莺唱道：碧云天，黄花地，西风紧，北雁南飞，晓来谁染霜林醉？点点滴滴总是离人泪……这一段之所以叫人回肠荡气，就是因为高空、黄叶、霜林、西风、大雁等众多景物中都有恋人的离愁别恨，景物即人意。尤其“晓来谁染霜林醉”一句，简直妙极。秋天的霜叶，黄叶飘零，宛若满腹愁肠又无处发泄的远行人，醉酒般飘荡无依，这不是莺莺小姐悲叹恋人张君瑞吗？而且，其中的“霜”、“西风紧”都有影射的意味。作者感受力强，他笔下无生命的事物都能活灵活现，成为有感情色彩、有喜怒哀乐、有性灵的生命。

杜甫的诗句“国破山河在，城春草木深。感时花溅泪，恨别鸟惊心”也是如此。人人熟视无睹的露珠在花瓣上跳动，小鸟突然高飞，在诗人的笔下就能产生惊心动魄的效应；在“花”和“鸟”这样的小事物上，就能寄寓作者国难家仇、感怀时局的大情思，真叫人不可思议。也正是因为诗人的独特感受力透纸背，才能产生经久不衰的艺术效果。

同样，李白的“君不见黄河之水天上来，奔流到海不复回；君不见高堂明镜悲白发，朝如青丝暮成雪”，更是气势磅礴，千古绝唱。他的“黄河之水”、“海”、“青丝”、“白发”，都已变成了“叹时光之流逝，叹宇宙之浩渺无穷，叹人生之短暂”的象征物，具有了抽象的意义。这种超越时空、纵横驰骋的想象力，才是感受的最高境界。

当然，中学生处于习作阶段，不能与文学大家相比。但是，对古典或现代的精品美文，一定要会欣赏，多品味。在这一点上，不要怕“眼高手低”。眼不高，手怎么会高了呢？

那么，怎样才能提高孩子的感受力呢？

第一，在观察中感受，感受后再观察。父母要引导孩子置身于生活，感受人世百态，体验悲欢离合、喜怒哀乐。感于哀乐、缘事而发，不要停留在口头上，要形成文字。

同时，也要置身于自然，体验自然与人的和谐与对抗。

第二，要讲究阅读质量。中学生课业负担很重，时间宝贵，而这一阶段的孩子又特别容易相互传阅地摊上买来的不健康书籍。父母一定要给孩子把好阅读质量关。

除了《上下五千年》、《十万个为什么》、《唐诗宋词选》可以作为孩子的常读书籍外，中外文学巨匠的精品美文也应选择一些放在孩子身边。或者父母读过后与孩子谈谈自己的感受，相互交流，体会作品的微言大义和独到之处。

第三，对孩子日常生活中稍纵即逝的点滴感受，要帮他记录下来，鼓励他抽空写成文章。如果与某名家写的是同一题材，要与人家的反复对照比较，找出自己的拙笨处。观察能力、感受能力提高之后，文章的高下就取决于表达力的强弱了。

表达力的提高没有诀窍，如果说有，那就是写了琢磨；琢磨了再写。不停地练笔。

孩子上了大学之后

新生刚入学，每个人心里都有一幅自我肖像。这一自我意象就是“我属于哪类学生”的自我观念。父母要帮助他正确地认识自己，不要因为一次挫折就怀疑自己的能力。

孩子上了大学以后，往往像挤在某个河湾里的小鱼突然游进大海，既新奇兴奋，又茫然无绪，不知所向。农村和小城镇的中学生考入大都市的高等学府，尤其这样。

如果在中学时一直是走读，没有住过校、饮食起居靠惯了父母的独生子女，他们遇到的难题会多一些。比如交学杂费、买就餐卡、购日用品、管理钱物等，因为生活经验不足，加之人地两生、风俗习惯以及语言交流中的障碍，难免费些周折，甚至造成误解，出现闪失。记得本人上大学时，陪一位患了眼疾的女孩去医疗室看病，就遇到这样的情形。校医给她开了药，她大概是嫌少，背过人就把“2”改成了“3”。结果，被拿药的药剂师发现，要她一起去与开药的校医对质，吓得这女孩子转身就逃。药剂师只是想澄清事实，并没有向班主任、校方报告的意思，但这女孩把事态想象得很严重。对于涉世未深的初出茅庐者来说，一个小小的失误就会造成心理的阴影，撩起他们的想家情绪。想起被父母呵护时的温暖，想起旧日同学间的相知相助，想起中学老师对自己的了解和赞誉，这时，刚入大学校门时的向往和兴奋就已化解了一半儿。

更能削弱自信的是同学间的较量。新生们分了宿舍，第一个话题必然是自己的高考分数。处于宝塔尖端的自然是少数几个，剩下那塔座和塔基下的新生，除了仰视那优胜者外，往往是一层比一层自愧和不安。尤其是靠擦边球滚进大学门槛儿的，常常反问自己：这四年里我能赶上人家吗？未开课前对自己的学习能力就产生了怀疑。

这些，都是影响孩子尽快投入新的学习生活的消极因素。说严重点儿，这叫自我挫败心理。在这种心理下，面对学校的文艺、体育、单科竞赛等活动，他们常常选择退却、逃避，认为那是尖子生的事儿，与我无关，结果是拱手送掉了本该属于自己的锻炼机会。所以，我们做父母的千万不能以为把孩子送进大学就大功告成，认为尽到了自己的责任；家长仍需要通过各种渠道了解孩子的心理状况，给予正确的指引。

首先要帮助他顺利度过由中学生到大学生的转型期。要给孩子明确指出：你的人生开始了一个崭新的阶段，在这个阶段中，你不可能一帆风顺；在崭新的阶段中，你所遇到的考验也必然是新鲜有趣的。既然胸前已经佩戴了大学的校徽，不管是干什么，都应该以大学生的标尺，勇敢地面对。对新生活的各方面都熟悉之后，你会有长足的进步。度过这一段生疏磨炼期，你的才干和能力必然得到历练。至于考分，你能以较低的分数跻身于强手之林，这实在是一种幸运，那些仅仅以一两分之差就名落孙山者又该怎样呢？既然你以前的才智和勤奋已经显示了它的威力，将你和众多强手推到一个起跑线，你就该忘掉过去，目光瞄准前方的靶子。人在生活中的动力应当是要求发展的迫切愿望，而不是弥补不足的被动需要。

当然，让孩子瞄准目标不是一句空话，要帮助他制订一个经过努力可以达到的目标和为了达到这个目标的切实可行的计划。比如：初入学时排除一切干扰复习英语，争取在分班时拿到好成绩，进入快班。或者，尽早通过英语四级、六级。或者，打好基础，及早准备考研究生，等等。

事实上，生活和学习中的弯路和过失，都是人生必然要经过的路障。它们仅仅是滑雪运动员前行中遇到的标杆儿，是到达目的地时的一种体验。只要完成了任务，就再不要招惹这些记忆，而应把它们抛诸脑后，开始追寻新的目标。如果家长能鼓励子女把他们的思维和注意力一直集中在前方要达到的目标上，眼前生活中的困难和往日失败的记忆，就再不会对他们造成什么危害。

一般来说，新生入学后的第一学期是关键期。如果这一学期结束，寒假归来时，你看他精神振奋、情绪饱满，成绩也不错，那就说明孩子过得很充实，有一两次成绩不理想也没关系。

我家的三个孩子，上大学时的考分都偏低，但大学毕业后，他们都凭自己的实力考上了研究生。记得儿子在上大学后的第一次考试后，曾给我们来信，说："我的感觉老欺骗我。考场上感觉不错，觉得这题都会做，结果考分却不高。"我们既没有批评他，也没有泛泛地说，要细心啊，不能以一次成败论英雄啊等等。而是理智地告诉他，这很正常。因为在高中阶段，他就是爱动脑，不爱动手。背英语单词是举着课本小声儿念叨着记，不动笔；学习物理、化学，也是举着课本默默地看，不动手。久而久之，这倒锻炼了他的记忆力（数学中的圆周率，一般人是记"3.1416"，他却记了小数点后多位），但动手演算的准确性就差多了。笔误多，常常出现手不跟心的现象。过去，我反复提醒他要多动手，没引起他足够的重视；这一回，吃了大苦头，我们就告诫他：每一题丢几分，总分就不会高了。一定要手脑并用，脑手同步。会做的题，一分也别丢掉。

同时，我们强调：看到自己的不足是好事情，这是个进步。以此为契机，改正这一毛病后你必然会取得好成绩。用爸妈的鼓励和关爱扫除他初试失利的失败情绪，这很重要，因为新生刚入学，每个人心里都有一幅自我肖像。这一自我意象就是"我属于哪类学生"（一般、良好还是优秀）的自我观念。它建立在自我信念的基础上。"我考试失败"不等于"我是个失败者"，"我这门功课没考好"不等于"我考不好这门功课"。

自我意象的恰当与否，直接关系到孩子进步的快慢。对自己估计过高或过低，都会造成学习进步的心理障碍。父母亲最了解自己的子女，要帮助他们正确地分析解剖自己，保持积极进取的向上心态，而不要因为一次挫折就怀疑自己的能力。

此外，高等学府也并非真空、圣土，社会上的各种倾向亦常常在这里滋生蔓延。20世纪80年代末90年代初，社会上经商之风盛行，一些大学老师纷纷下海，校园里做买卖的风气便悄然成风。紧接着是做家教的打工热、追逐影视明星的追星热，随着电脑的普及又出现了上网聊天、网恋交友热……并不是说这些领域不能涉及，而是不能入迷，影响了正常学业。

记得我和先生送儿子上大学时认识了一对母子。母亲是一所厂矿子弟学校的校长，儿子高考分数是600多分，而且在全国物理竞赛中成绩突出，简直是新生中令人刮目相看的明星。望着那自豪的母亲，我们曾遗憾相聚太短，不能向人家好好地取经。谁会想到进入大四，她的儿子竟然被劝退了呢？

毫无疑问，孩子脑子很聪明，但大学一年级一接触电脑，就迷上了玩游戏。起初是课余时间出去玩，后来越来越上瘾，就逃课出去玩。越玩瘾越大，干脆就再不去课堂，整日钻研怎么玩游戏。甚至他还涉足赌博性质的游戏，输了钱就向同学借，说捞回来再还。但有时运气背，越输越惨。这时他便更不服气，常常整日整夜泡在游戏厅里。到大学三年级时，他的功课已一塌糊涂。学校通知家长来领人，他的母亲左说情右说情要求再宽限些时日，以观后效。可怜的母亲为了挽救儿子，曾不尴不尬地住在男生宿舍，与儿子挤在一张床上，每天早晨给同学们提水、扫地，上课前亲自把儿子送到教室，看他在座位上坐好，摊开课本，再惴惴不安地离开。可是，那孩子望见他母亲走远，马上就一阵风儿又偷跑到了游戏厅。母亲坚持了二十多天，看到儿子再不可救药，只得领着入学时的高才生，与同学们洒泪而别。

这位小学校长的教训就在于，她以为把儿子送上重点大学，就送上了成功的阶梯，再不用自己劳心费神了。

上大学以后，孩子适当参加一些社会活动，对培养他们的社交能力、综合素质是有好处的。但我们不主张他们在社会活动中花费太多的时间。女儿在美国留学，也只是在校内打工（当助教），比如替老师批改作业，给本科生上课等。儿子看见他的一位室友打着三份工，经济不但自立，还达到小康水平，曾对我们深有愧意地说："你们的儿子窝囊呀，还花爸妈的钱。"我们当即就警告他："对爸妈最好的报答是学好你的功课，你的学识要与你的学历相称，而不是急功近利！"

近年来，大学招生名额不断扩大，培养目标由过去的精英型转向大众型，这是利国利民的好事。但与此相应，也会有负面影响。如果不是宽进严出，势必降低毕业生的文化水准，造成学识与学历不相称的现象。

据人民网的《北大教授痛心疾首，学生成绩稳步下降》：

“今年（2002年）2月底，北大物理学院期末考试，电动力学授课老师俞允强发现：考试的125份考卷中，若按常规评定，不及格的占到近30%，比学校学生守则中的规定高出两倍半以上。为避免对教学秩序产生过大的冲击，他最后定了23份不及格。”俞老师在给校方的信中说，这绝不是偶然的个例：“我从自己的教学经历中感到，这种局面是从90年代初起逐渐恶化的。我感觉至少有10多年了，学生的学习效果在‘稳步地’下降……”

北大是如此，远在合肥的中国科技大学也不例外。一位曾师从俞允强教授的教师看到俞老师发表在网上的信后，打电话给俞，表达了自己“心有戚戚焉”的感慨。他拿出10年前的考卷和今年相比后发现：试题越来越容易，不及格的人却越来越多。老师为了不让学生难堪，都会以加分或降低难度来“迎合学生的实际情况”。

另一所大学的鲍老师则说：“大面积的不及格在高校被称为‘事故’。一旦发生了‘事故’，学校领导会找老师协商，不然就会有‘小鞋’穿。而要避免‘事故’的发生，就要相应地掌握‘平衡’的原则，也就是约定俗成地将大部分人的成绩控制在65分到75分之间，不及格人数与高分人数差不多。”

社会上的心理浮躁，反映在学生身上，则是只重学历不重学识，很多人认为在大学四年是为了镀一层金。“分数并不重要，如果你不考研的话，60分和90分是一样的。”学哥学姐们把他们的应试经验如此传授给下一届。年轻人过剩的精力往什么地方使呢？追求轻松和潇洒正成为相当一部分大学生的时尚。既然如此，又何必去上大学呢？说穿了，就为了大学文凭那镀金的包装。没有一个正确奋斗目标的年轻人，很容易被时尚引诱。大学四年，丢了西瓜，抓住芝麻，我想这绝不是家长们送子女上学的初衷——当然，有人会说，上大学并不是人才成功的唯一途径。是的，对此笔者也有认同。然而，这却不是本文要讨论的话题。

仅以此文献给大学生家长们。希望您能与孩子保持密切的联系，帮助他们朝着自己的目标不懈努力。对大学校园里潜滋蔓长的不良倾向，不可掉以轻心。

（附：大女儿入学初，其父亲写给她的两封信）

［附信一］

丽丽：

你9月22日晚写的信，我们是9月29日接到的。从厦门到崞阳是星期二发信，下个星期一收到；从崞阳到厦门是星期五发信，下个星期五到，要多走一天。

谢谢你的节日祝贺，我们很高兴。我、小帆仍在秋假中，小毛每天补课。你妈妈正写一部关于教师的中篇小说。她接到省作协通知，10月13日至11月2日在上海参加一个短期讲习班，10 月 10 日就要动身南行。这期间你可以和她通信，地址：上海市西江湾路 574 号，上海大学文学院中文系转作家短期讲习班。

丽丽，你们现已开课了，共开设了几门课？数学、外语用的什么课本？如需要什么参考书可以给妈妈去信。从来信知，你们学外语重视听力培养，也有相应的条件，环境优越。要下狠功夫把外语学到手，能运用自如。你的数学老师既然参加课本编写，必定对教材体系很熟悉，这也是有利条件。要相信老师，多向老师请教，比如学习内容（人民大学出版的经济数学共有五本），一般高等数学有三门基础课即微积分（数学分析）、高等代数、空间解析几何。学经济类的可能还要学一门概率论和数理统计以及其他一些应用数学。你们要学哪些内容？如果要考某专业研究生，还要自己补学一些什么课？哪些书合适？都要向老师请教。大学老师讲课中偶然出点计算错误不足为奇；重要的是把握住体系，讲清概念、原理，让学生建立一些基本观点，掌握一些方法。我接到很多同学来信，对他们的大学老师颇有微词。其实只要适应一个学期，你们再听中学老师讲课，就会感觉内容少、程度浅、进度慢、讲解不留余地而且重复多，很不过瘾。大学老师课后和学生接触少，但对学生一般很客气。你要在课后主动找老师，对于好学的学生，老师从来都是欢迎的。

丽丽在吃饭上不要节省，也不要暴饮暴食和吃零食。一日三餐要保证营养，注意均衡。花钱要花在刀刃上，该花的在所不惜，比如买录音机、外语磁带，这些都是必不可少的。只要能学下真本事，付出学费是值得的。

你早上时间紧，可以寻找些节省时间少跑路的窍门。比如，出操时把饭盒带出去放在操场边，或排队买饭两人协作，一人买主食，一人买菜。只要有抓紧时间的意识，办法总可以找到的。

希望丽丽多了解学校的情况、专业的前途，建立自己四年奋斗的目标。一旦确立了目标，每天都在为实现这个目标而前进，锲而不舍，有利的多做、做好，无利、有害的尽量不做。爸妈相信你自己会处理好生活、学习中的每一件事情。

妈妈时间紧，这次不写了。她要你转告庆文同学，她去庆文家探问，姥姥的病情仍然是那样，没有什么变化，要庆文放心。

爸　1986年10月3日

［附信二］

丽丽：

今天是10月10日，你母亲起身赴上海。这个月我们一家分居三地，想想也很有趣。接连收到你9月26日、10月2日的来信，看来你已不再想家，调整好情绪，爸妈放心了。

你们学校外语要求高。我向范中外语老师问了问，他们都说这相当于专业外语的要求了。一般大学的公共外语课课时少，要求低，你们这可算做特区大学的特色。这是好事，你学好外语就更有保证了，将来如果开口语课就更好了。

你现在还在成长期，初入大学校门，志趣、潜力、发展方向都很难说。不管怎样，利用这几个月时间多学点数学知识总是有好处的。我给你寄去两本书（里面夹着“大学外语”杂志的征订广告，如觉得有用，可自己订阅），一本是工科用的《高等数学习题集》，程度较浅，可从中选做一些题。我特别向你推荐另一个本——《有限数学导论》，可以和微积分齐头并进地学。先读第一章《集合》，这章内容比高中没有增加多少新知识，其中《模糊集》是近20年研究的新课题，可以暂时不看。然后看第四章《各种计数方法》，这里联系了高中的排列组合知识，有许多有趣的问题和巧妙的解法。再看第三章《映射、关系》，它提供了近代数学的一些概念和有用的记法。第二章《逻辑代数》是计算机的理论基础之一。第五章《图论》也是新兴的、有多方面应用的数学知识，其中一些问题、方法很有趣味。读这本书可以给你提供近代数学的概念、方法，更重要的是从自学中体验学习方法，养成学习习惯和自学能力。这是大学生应当具备的基本素质。老实说，只是跟着老师走，听讲、完成作业是成不了优秀人才的。

读数学书，开始可能读不进去，要坚持反复啃、多看、多想。一旦你能理解一点东西，就会感到其中的乐趣不亚于游览风景名胜之乐。如果看数学书能体会到乐趣，那么读任何深奥的理论性著作都能钻进去。

估计你们到二、三年级，专业课逐步加多，就不会有现在读数学书的空闲了。也许一生都不再有这样的条件和时机了（你会有别的努力方向）。那本书 300 多页，如果一天看两页，半年就可学完，你在数学上的长处就会加强。看书不必记笔记，可直接在书上画重点，写注解。

你在你班理科生中高考成绩较低，不必介意。其实生物、化学对你的专业已不起作用，物理作用也不大（只在微积分应用中出现个别物理问题）。起作用的主要是语文、数学、外语这三科，你的基础还是不错的，基本上和同学们处在同一条起跑线上，今后全看自己的奋发努力了。

10 月 7 日晚这里下了小雨，而北面雁门关一线的山头已是白雪皑皑。最低气温到了 0 度附近，我们都穿上了毛衣，不过中午在阳光照耀下仍然有 15 度。

爸　1986 年 10 月 10 日

图书在版编目(CIP)数据

敢向孩子认错:听成功妈妈谈家庭教育/高芸香著. —北京:中国人民大学出版社,2011.8
ISBN 978-7-300-14117-6

Ⅰ. ①敢…　Ⅱ. ①高…　Ⅲ. ①家庭教育—经验—中国　Ⅳ. ①G78

中国版本图书馆 CIP 数据核字(2011)第 156453 号

朗朗書房
long-long Book House

敢向孩子认错——听成功妈妈谈家庭教育
高芸香　著
Ganxiang Haizi Rencuo

出版发行	中国人民大学出版社			
社　　址	北京中关村大街 31 号	邮政编码	100080	
电　　话	发行热线:010－51502011			
	编辑热线:010－51502017			
网　　址	http://www.longlongbook.com(朗朗书房网)			
	http://www.crup.com.cn(人大出版社网)			
	http://www.ttrnet.com(人大教研网)			
经　　销	新华书店			
印　　刷	三河市嘉科万达彩色印刷有限公司			
规　　格	146 mm×210 mm　32 开本	版　　次	2012 年 7 月第 1 版	
印　　张	8.5　插页 2	印　　次	2012 年 7 月第 1 次印刷	
字　　数	158 000	定　　价	29.80 元	